1 MONTH OF
FREE
READING

at

www.ForgottenBooks.com

By purchasing this book you are eligible for one month membership to ForgottenBooks.com, giving you unlimited access to our entire collection of over 1,000,000 titles via our web site and mobile apps.

To claim your free month visit:
www.forgottenbooks.com/free391587

ISBN 978-0-265-34261-9
PIBN 10391587

L'ONCLE SAM EN FRANCE

Lecture · Conversation · Composition

BY

LÉOPOLD CARDON

*Of the Department of Romance Languages in the
University of Wisconsin*

ILLUSTRATIONS BY

JOSEPH FRANKÉ

NEW YORK

HENRY HOLT AND COMPANY

A L'ONCLE SAM

«TU T'ES BATTU POUR UNE AMIE
À MOI, LA ROSE!»

EDMOND ROSTAND

UN MOT SEULEMENT

L'ONCLE SAM EN FRANCE s'adresse spécialement aux élèves de 'high-school,' seconde année de français, et aux élèves de collège, première année (second semestre).

Quant au sujet, rien de plus national.

Pour le texte, on s'est borné au pratique, tenant compte de l'âge et du savoir de ces élèves.

La causerie explicative et grammaticale, faite en français, servira ainsi à deux fins également importantes.

Les professionnels jugeront eux-mêmes de l'efficacité et de l'originalité des exercices.

Chaque leçon peut fournir matière à deux ou trois classes: l'important n'est pas de faire trop, mais très bien, pour acquérir — par la pratique orale — la spontanéité nécessaire à la conversation. Écrire, alors, ne sera plus qu'un jeu.

Les maîtres modernes penseront probablement à utiliser les illustrations pour une conversation improvisée, ou une composition originale — d'après l'image.

Je prie Messieurs R. B. Michell et J. H. Wilson, mes dévoués collègues, de bien vouloir retrouver ici mes plus sincères remerciements pour leur bienveillante collaboration: Monsieur Michell, au texte anglais; Monsieur Wilson, au vocabulaire.

L. C.

TABLE DES MATIÈRES

TABLE DES MATIÈRES

L'ONCLE SAM EN FRANCE

PREMIÈRE LEÇON

À LA RENCONTRE DE L'ONCLE SAM

C'était en juin 1917. Quelques habitants de Saint-Malo[1] — des vieux et des vieilles que la guerre n'avait pas appelés — faisaient, selon leur habitude, leur petite promenade du soir par le chemin des remparts.

L'un d'eux remarqua un petit garçon d'une douzaine d'années, vêtu de pauvres habits et qui debout, immobile sur la muraille la plus haute, regardait fixement là-bas au large, où le soleil tombait comme un gros obus rond et rouge.

«Que cherches-tu comme ça, petit?»

Le bambin dont l'attention était ailleurs n'avait pas entendu.

«Hé! petit! As-tu dîné ce soir?

— Non, Monsieur, je n'ai pas faim ce soir.

— Tu n'as pas faim! Pourquoi ça?

— J'attends mon oncle Sam.

— Ton oncle Sam? Qu'est-ce que c'est que cet oncle-là?

— C'est mon oncle d'Amérique. Les journaux de Paris disent qu'il arrive cette nuit.

---

[1] Saint-Malo est une petite ville de 12.000 habitants, très pittoresque, sur la côte de Bretagne, en France.

Que cherches-tu comme ça, petit?

— Allons! petit, sois raisonnable. Rentre chez toi. Va dîner et dormir; la nuit sera fraîche, tu auras froid ici.»

Et le vieux continua son chemin se disant tout bas: «Pauvre gosse, il est fou. Encore une victime de cette maudite guerre!»

I. CAUSERIE EXPLICATIVE ET GRAMMATICALE

(a) Remarquez les formes suivantes:

aller à la rencontre de quelqu'un, "to go to meet someone"

faire une promenade, "to take a walk"

chercher quelqu'un (ou **quelque chose**), "to look for someone (*or* something)"

attendre quelqu'un (ou **quelque chose**), "to wait for . . ."

regarder quelqu'un (ou **quelque chose**), "to look at . . ."

avoir faim (**soif, froid**), "to be hungry (thirsty, cold)."

Cette forme exprime la condition des personnes.

Phrases: **Je vais à la rencontre de mon oncle.**

Je fais une belle promenade. Je cherche mon livre.

J'attends mon oncle. Je regarde le soleil.

J'ai faim, j'ai soif, j'ai froid.

(b) **d'une dizaine d'années** signifie "about ten years old"; **de dix ans** signifie "ten years old (exactly)."

(c) **Qu'est-ce que c'est que cet oncle-là?** "What (sort of) uncle is that?"

(d) **encore un (une)** . . ., "*still* another, one more . . ."

Verbes à pratiquer: **chercher** quelque chose; **avoir** faim.

II. POUR APPRENDRE À PARLER

(a) 1. Continuez à toutes les personnes les phrases ci-dessus en I (a).

2. Dites-les à la forme négative.

(b) Montrez et répondez en employant, pour le nom mentionné, les formes pronominales:

le voici, la voici, les voici (le voilà, etc.), "here he (she, it, they) is or are (there he is)"

1. Montrez le petit garçon sur l'image.
2. Montrez les remparts de la ville.
3. Montrez le soleil qui tombe comme un obus.
4. Montrez le vieux qui parle au petit garçon.

Conversation. — Répondez:

1. En quel mois et en quelle année commence cette histoire?
2. Qu'est-ce que c'est que Saint-Malo?
3. Que faisaient ces vieux et ces vieilles?
4. A la rencontre de qui va ce petit garçon?
5. Qui attend-il?
6. A-t-il faim? soif? froid?
7. Il regarde le soleil, n'est-ce pas? — Oui, . . .

Construction spontanée. — Dites à vue l'exercice suivant. (On pourra aussi le dire après la correction du travail écrit de l'élève.)

III. POUR APPRENDRE À ÉCRIRE

The little boy is standing on the highest wall. Here he is. He is looking (at) the sun.

The old men and women of Saint-Malo are taking their usual walk.

One of the old men says to the little boy:

"What are you looking (for) like that?"

"I am waiting (for) my Uncle Sam."

"What (sort of) uncle is that?"

"He is my uncle from America."

"Are you hungry?" Are you cold?"

"No, sir, I am not hungry. I am not cold."

"Come, little fellow. Go home, go and have your dinner."

And the old man continues (on) his way.

DEUXIÈME LEÇON

L'ONCLE SAM APPARAÎT

Plus personne. Le rempart est désert. La grande nuit enveloppe Saint-Malo, Saint-Servan[1] derrière, et plus loin, Dinard, Saint-Lunaire et toute la pointe du cap Fréhel.

Pas une lumière dans les villages. Pas un feu de phare sur la côte.

. . . Le gosse s'est couché sur son rempart large de trois mètres et haut de trente. Sa tête repose sur son béret bleu plein de trous. Il dort, bercé par le vent qui chante, la voix des vagues qui montent, sautent, retombent et meurent.

. . . Minuit sonne à tous les clochers. Il rêve, le gosse. Là-bas, à l'endroit où le soleil est tombé dans la mer, il voit un, deux, trois, quatre, cinq, . . . toute une longue file de bateaux. Il en devine d'autres derrière.

A la proue de celui en tête de ligne, se dresse un homme. Non, ce n'est pas un homme; c'est un soldat géant. Il est coiffé d'un chapeau mou à large bord, un chapeau cowboy. Il est fort, il est fier, il est doux, il sourit, il est calme. Il grandit en approchant. Il étend son bras droit vers la terre de France. Du gauche, il élève un drapeau, un drapeau immense dont

---

[1] Saint-Servan, Dinard, Saint-Lunaire sont de jolies petites villes, ou villages, près de Saint-Malo, sur la côte.

la hampe se perd dans les étoiles. Il emplit le ciel ce drapeau; il couvre la mer de longues traînées rouges et blanches. Il frissonne d'émotion au vent du large et on y lit:

«France! regarde. Nous voici!»

I. CAUSERIE EXPLICATIVE ET GRAMMATICALE

(*a*) **apparaît.** Le verbe *apparaître* se conjugue comme *connaître.*

se coucher, se dresser sont des verbes actifs à la forme réfléchie.

Tous les verbes réfléchis prennent l'auxiliaire *être* aux temps composés. Qu'est-ce que c'est qu'un verbe réfléchi?

se dresse un homme. On peut dire aussi: **un homme se dresse.**

tomber, mourir prennent l'auxiliaire *être* aux temps composés:

Il est mort l'année dernière.

Phrases: **Je me couche sur le rempart.** (Présent)
Je me suis couché tard hier. (Passé indéfini)
Je suis tombé de mon lit la nuit dernière.
(Passé indéfini)

(*b*) **le rempart est large de 3 mètres et haut de 30** ou:
le rempart à 3 mètres de large et 30 de haut ou:
le rempart a 3 mètres de largeur sur 30 de hauteur

(*c*) **Minuit sonne à tous les clochers,** "It is striking 12 (P. M.) in all the church towers."

(*d*) **toute une file** . . . Ici *tout* signifie "long: a long procession . . ."

(*e*) **me voici, te voici, le (la) voici,** "here I am," etc.

Verbes à pratiquer: **être** fort; **voir** quelque chose (liste I).

II. POUR APPRENDRE À PARLER

(*a*) 1. Dites, à toutes les personnes, les phrases en I (*a*).
2. Dites-les à la forme négative.

(*b*) Indiquez les trois dimensions de notre salle en employant les adjectifs: longue, large, haute;
puis les substantifs: largeur, longueur, hauteur.

(*c*) Dans le dialogue suivant, répondez en employant les formes idiomatiques en I (*e*).

LE PROFESSEUR	UN OU LES ÉLÈVES
Où êtes-vous, B?	— (*B répond*)
Où est-il?	— (*Les élèves répondent pour B*)
Où êtes-vous, chers amis?	— (*Les élèves répondent*)

Conversation. — Répondez:
1. Dites comment est le rempart à ce moment-là.
2. Qu'est-ce que l'enfant a fait alors?
3. Comment dort-il?
4. Combien de navires voit-il quand minuit sonne à tous les clochers?
5. Qui voit-il à la proue de celui en tête de ligne?
6. Faites le portrait de ce soldat géant.
7. Parlez du drapeau qu'il tient de la main gauche. C'est un . . .
8. Que lit-on sur ce drapeau?

Construction spontanée. — Dites à vue l'exercice III qui suit.

III. POUR APPRENDRE À ÉCRIRE

Twelve o'clock (P. M.) is striking in all the church towers. The ramparts are deserted. Not a light is seen in the village. (*See the text.*)

The little boy lies down on the ramparts (which are) three meters wide and thirty meters high. He is sleeping, lulled to sleep (*bercé*) by the singing of the wind (*the wind which sings*) and the voice of the waves.

He is dreaming. He sees a long procession of ships. On the one at the head of the line, he sees a giant soldier with a wide-brimmed hat on his head.

This soldier grows larger as he approaches. He raises a huge flag on which one reads:

"France, look! Here we are!"

TROISIÈME LEÇON

L'ONCLE SAM SE CACHE

«Qui vive?»

Qui vient de jeter ce cri dans le silence de la nuit? C'est la sentinelle qui fait sa ronde. Un rayon de lune a blanchi le rempart. L'homme y a vu une forme humaine: un espion peut-être.

«Qui est là? Garde à vous!»

Le dormeur, à demi réveillé, se soulève sur un coude.

— «Qui vive?»

— Mon oncle Sam, monsieur le garde. Le voyez-vous, là-bas?

Et l'enfant indique du doigt l'horizon devenu noir et désert.

— Allons, pas de plaisanterie. Debout! et suivez-moi.

— Où ça?

— Pas d'explications ni de «rouspétance.» Passez devant, c'est la consigne.

L'enfant marche le premier; la sentinelle, fusil sur l'épaule et baïonnette au canon, le suit à quelques pas ...

Et ils arrivent bientôt sur la Place du Château où se trouve le poste de police.

11

Passez devant, c'est la consigne!

I. CAUSERIE EXPLICATIVE ET GRAMMATICALE

(*a*) **Qui vive? Garde à vous!** "Who goes there!" Ce sont les exclamations, les cris d'une sentinelle pour arrêter quelqu'un.

(*b*) **venir de**+un infinitif, "to have just"+past participle. Cette forme exprime un passé récent:

> Je viens de jeter un cri.
> Il vient de commencer sa leçon.

(*c*) **devenu** est le participe passé du verbe *devenir*. Ce verbe se conjugue comme *venir*.

(*d*) **pas de «rouspétance.»** C'est un mot argot, féminin, pour *protestations:* Pas de protestations.

(*e*) **baïonnette au canon.** La sentinelle a sa baïonnette fixée à l'extrémité du canon de son fusil.

Verbes à pratiquer: **jeter** un cri (voyez Appendice).
                 suivre à quelques pas (liste II).

II. POUR APPRENDRE À PARLER

(*a*) Les phrases suivantes sont à la forme affirmative; faites-en des questions, forme (*a*), puis forme (*b*).[1]

1. Nous jetons un cri dans le silence de la nuit.
2. Nous avons vu une forme humaine là-bas.
3. Il se soulève sur un coude.
4. Il indique du doigt l'horizon.
5. Vous me suivez à quelques pas.

[1] Voyez Appendice 3.

6. Nous arrivons bientôt au poste de police.

7. Nous venons de finir cet exercice.

NOTE. — Students who are not able to construct such forms spontaneously should not be allowed to go further.

(*b*) Passé récent: **venir de**+un infinitif.

1. Dites à cette forme trois choses que vous venez de faire.

2. Demandez-moi si je viens de fermer la porte, — d'ouvrir la fenêtre, — de lire ma leçon.

Conversation. — Répondez:

1. Que crie (*verbe* crier) la sentinelle?

2. Que fait-elle sur les remparts?

3. Que vient-elle de voir?

4. Que fait le dormeur à demi réveillé?

5. Comment vont-ils au poste de police?

6. Où est (*ou:* où se trouve) ce poste de police?

Construction spontanée. — Dites à vue l'exercice III.

III. POUR APPRENDRE À ÉCRIRE

The sentry is making his round. He has just seen a human form on the ramparts. He cries out, "Who goes there?"

"It's my Uncle Sam, Sir. Do you see him yonder?" and the child points with his (*du*) finger (at) the horizon.

"Come! No joking. Follow me."

"Where?"

"No explanations."

The child walks ahead, the sentry with fixed bayonet, follows him at a few paces. He leads him to the police station.

QUATRIÈME LEÇON

INTERROGATOIRE D'IDENTITÉ

«Monsieur le Commissaire, je vous amène un jeune gredin. Je l'ai trouvé là-haut en observation sur le rempart, faisant semblant de dormir. Pour détourner les soupçons, il fait le fou. Il parle d'un oncle . . . Tam.

— «Sam» rectifie le petit garçon.

— Voyons, comment t'appelles-tu? nom de famille et prénoms.

— Dupont (Henri-Gaspard), monsieur le Commissaire, mais mes camarades de Paris m'ont surnommé «Chocolat» parce que je leur donne souvent du chocolat.

— Tu n'es donc pas de Saint-Malo?

— Non, monsieur le Commissaire. J'arrive de Paris.

— Tu as fait le voyage tout seul?

— Oui, monsieur le Commissaire. Dans un wagon de marchandises où j'ai monté sans être vu.

— Que fait ton père?

— Tué à Verdun, monsieur le Commissaire.

— Ta mère?

— Morte il y a un mois. Elle était américaine, mais habitait Paris depuis quinze ans.

— Où demeures-tu à Paris?

— Le jour, dans les rues; le soir, sous le Pont de la Concorde. Je n'ai plus de parents, je n'ai plus de maison depuis la mort de maman.

Comment t'appelles-tu?

— Quel âge as-tu?
— J'ai douze ans.
— Pourquoi es-tu venu ici?
— Pour y attendre mon oncle Sam.
Ma mère, en mourant, m'a dit:

"My dear little Henry, be brave; Uncle Sam will soon come from America. Watch the newspapers."

. . . Le Commissaire comprend l'anglais. Il tousse fort pour cacher son émotion et dit, en tortillant sa grosse moustache:

— Agent Bridou, cet enfant est bien renseigné.

Voici l'ordre que je viens de recevoir: «Ordonnons aux autorités de Saint-Malo de prendre toutes les mesures nécessaires pour le prompt débarquement d'une division américaine arrivant au port, cette nuit.» Agent Bridou, dressez un lit de camp pour ce petit, il a sommeil. Et toi, Chocolat, pour le moment, tu as l'ordre de bien dormir et de rêver de ton oncle Sam.

I. CAUSERIE EXPLICATIVE ET GRAMMATICALE

(*a*) **s'appeler**, "to be named or called": Je m'appelle Dupont.

Continuez à toutes les personnes. Pour les deux 1, voyez Appendice, étude du verbe, 5.

(*b*) **faire semblant de**+un infinitif, "to pretend to" . . . ou **faire le**+un adjectif employé comme nom ou un verbe, "to pretend to be . . .":

> Je fais semblant de lire.
> Je fais le sourd (*deaf*).

(*c*) **Dupont, Henri-Gaspard**, "**Chocolat**": c'est le nom, les prénoms et le surnom de cet enfant.

(*d*) **il y a**, "ago": Il y a un mois.

(*e*) Présent idiomatique avec **depuis**, "for (since)":

Depuis quand (*ou* depuis combien de temps) êtes-vous ici? "How long have you been here?"

— Je suis ici depuis une heure, "I have been here for an hour." (L'action ou l'état dure encore.)

De même avec l'imparfait qui est un présent dans le passé:
J'étais ici depuis une heure quand vous êtes arrivé, "I had been here for . . ." (Ma présence ici se continuait.)

(*f*) **avoir** exprimant l'âge:

Quel âge as-tu? Quel âge avez-vous? "How old are you?" *ou* Quel est votre âge? "What is your age?"

Verbes à pratiquer: **amener** quelqu'un (voyez Appendice 5, *a*); **faire** le fou (liste I).

II. POUR APPRENDRE À PARLER

Questions quand le sujet est un nom.   (Voyez App.)

(*a*) Transformez en questions les affirmations suivantes:

1. Chocolat demeure à Paris.
2. Sa mère était américaine.
3. Son père a été tué à la bataille de Verdun.
4. Le Commissaire et l'agent Bridou l'interrogent.

(*b*) Continuez à toutes les personnes les phrases en I (*b*).

(*c*) Faites une question pour me demander:

1. Comment je m'appelle.
2. Si je fais semblant d'écrire.
3. Si je fais le sourd.
4. Quel âge j'ai.
5. Depuis combien de temps je suis ici.

Conversation. — Répondez:

1. Est-ce que Chocolat fait semblant de dormir?
2. Où est-ce que Chocolat demeure?
3. Pourquoi est-ce que ses camarades de Paris le surnomment Chocolat?
4. Pourquoi est-ce que Chocolat est venu à Saint-Malo?
5. Pourquoi est-ce que le Commissaire tousse fort?
6. Quand est-ce que les Américains arriveront au port?

Maintenant faites les questions de la conversation ci-dessus à la forme (*b*).

Remarquez que les mots interrogatifs, *où*, *pourquoi*, *comment*, *quand*, etc., commencent la question comme en anglais.

Construction spontanée. — Dites III à vue.

III. POUR APPRENDRE À ÉCRIRE

THE QUESTIONS OF THE CHIEF OF POLICE

Policeman Bridou brings Chocolat to the chief of police.

The chief of police asks (**faire**) the following questions of (**à**) policeman Bridou:

"Where did you find this little boy?"

"What is this little boy's name?"

"Does this little boy belong (**être de**) to Saint-Malo?"

"Where does this little boy live?"

"When was his father killed?" (*Employez le passé in-défini.*)

"Why did this little boy come here?"

NOTE. — Pupils who are not able to ask spontaneously such questions, in both forms (*a*) and (*b*), should not be allowed to go further.

CINQUIÈME LEÇON

SUR LES ÉPAULES DE L'ONCLE SAM

Ce matin-là, le soleil s'est levé plus beau. Dès six heures, toutes les cloches chantent. Le tambourineur de la ville parcourt les rues s'arrêtant aux carrefours:

Rataplan! Planplan, planplan, planplan!
Rataplan!

Tout le monde court aux fenêtres ou sur le pas des portes. On écoute:

«Habitants de Saint-Malo, une division américaine est au port, prête à débarquer pour établir son cantonnement sur la côte de Paramé. Vous ferez tous votre devoir. Vive la France! Vive l'Amérique!»

Rataplan! Plan!

A sept heures, les quais sont noirs de monde. Vieillards, femmes, enfants, soldats invalides sur leurs béquilles, maire, conseillers municipaux, toute la ville est au port. Le commandant de la place de Saint-Malo et ses officiers, l'épée à l'épaule, forment la haie près de la passerelle de débarquement.

Les «Yanks,» en équipement de campagne, couvrent les ponts des navires. Leur tambour-major lève sa canne et commande "The Marseillaise."

Toutes les têtes se découvrent, des mouchoirs s'agitent, des fleurs sont jetées, des yeux pleurent, toutes les bouches crient: «Vivent les Américains!»

20

Et le défilé continue!

. . . La division défile par les rues de la ville. Voici la tête de la colonne qui atteint la Place du Château.

Chocolat est là. C'est son moment. Il a enrôlé une bande de petits moutards. Il les a alignés en travers de la rue. Soudain il lève le bras:

«Attention! Salut à l'oncle Sam!»

Et tous, dans la position du salut militaire:

«Vive l'oncle Sam!
Sam! Sam! Sam!»

Et ils restent là, immobiles, barrant le passage.

Heureusement, le capitaine White a le sens des situations difficiles. Avec un bon sourire, il commande à ses hommes:

"Halt! Present arms!"[1]

Et au même moment, une main solide — une main d'oncle Sam — saisit Chocolat et l'assoit triomphalement sur l'épaule du haut tambour-major du régiment.

Et le défilé continue.

I. CAUSERIE EXPLICATIVE ET GRAMMATICALE

(a) **dès six heures, dès votre arrivée** ou **dès que vous arriverez**, etc.

Cette préposition **dès** signifie: "at six o'clock sharp, on your arrival, as soon as you . . ."

(b) **les quais sont noirs de monde.** Il y a tant de monde ou de personnes sur les quais qu'ils en paraissent *noirs*.

(c) **former la haie.** Une *haie* c'est "hedge." *Former la haie* c'est se mettre en ligne des deux côtes de la rue, etc.

[1] «Halte! Présentez armes!»

(*d*) **les têtes se découvrent.** C'est une forme réfléchie, formée du verbe actif *découvrir*, pour la forme passive *les têtes sont découvertes*, au lieu de *les personnes découvrent leurs têtes* qui ne se dit pas en français, dans ce cas.

(*e*) **atteint.** C'est le présent du verbe *atteindre*, "to reach."

Tous les verbes en *–indre* se conjuguent de la même manière. Voyez *craindre*, liste II.

(*f*) **avoir le sens de quelque chose** c'est comprendre, avoir de la facilité ou des aptitudes pour cette chose:

> J'ai le sens du français.
>
> Le Capitaine a le sens des situations difficiles.

Verbes à pratiquer: **parcourir** les rues (voyez *courir*, liste I); **couvrir** quelque chose (voyez *ouvrir*, liste II).

II. POUR APPRENDRE À PARLER

L'Impératif. Voyez Appendice 6, *c*.

(*a*) Donnez les trois personnes de l'impératif des verbes:

parcourir, courir, écouter, agiter, jeter.

Faites négatifs les ordres suivants. Rappelez-vous que les pronoms *y, en* viennent après tous les autres dans toutes les constructions.

1. Parcourez *les rues de la ville.*
   Parcourez-les.
2. Courez *aux fenêtres ou sur le pas de votre porte.*
   Courez-y.
3. Écoutez *la proclamation du tambourineur.*
   Écoutez-la.
4. Agitons *notre mouchoir.*
   Agitons-le.

5. Jetons *des fleurs aux soldats américains.*
   Jetons-leur-en.

(*b*) Dites les phrases ci-dessus en employant, comme en anglais, la forme polie: **Voulez-vous**+l'infinitif du verbe.

Voulez-vous parcourir *les rues de la ville?*
Voulez-vous les parcourir?

Conversation. — Répondez:

1. A quelle heure est-ce que toutes les cloches chantent, ce matin-là?
2. Le tambourineur de la ville que fait-il?
3. Y a-t-il beaucoup de monde sur les quais?
4. Où sont les officiers français?
5. Le tambour major américain que fait-il?
6. Chocolat que fait-il quand la tête de la colonne atteint la Place du Château?

Construction spontanée. — Dites III, ci-après, spontanément.

III. POUR APPRENDRE À ÉCRIRE

At six o'clock sharp, the drummer goes through the streets of the town. At seven o'clock, the wharves are black with (**de**) people and the French officers are lined (up) near the landing place.

The drum-major orders: "Play the Marseillaise; play it well; do not play it too slowly."

A woman shouts: "Throw (*à*) the Americans some flowers. Throw them a lot and cry 'Long live the Americans!'"

And Chocolat: "Salute Uncle Sam!"

And (*le*) Captain White: "Catch that child! Seat him on the drum-major's shoulder."

SIXIÈME LEÇON

L'ONCLE SAM INVITE SON NEVEU

Midi. Les fusils sont en faisceaux; les tentes, à perte de vue, couvrent toute la côte de Paramé.

Une sonnerie de clairon. Les soldats, gamelle à la main et par compagnies, font queue aux postes de ravitaillement.

Chocolat se tient à une distance respectueuse, émerveillé de tant d'abondance et de pain blanc. Du pain blanc, il n'en a plus vu depuis des mois.

Le Capitaine White — celui de l'incident de la Place du Château — est là, tout près. Il a appris le français, autrefois, à l'école supérieure et il veut en donner la preuve au triomphateur de ce matin:

«*Êtes*-vous faim, mon garçon?»

— You are very kind, Captain. Yes, *j'ai* faim.

Comme Chocolat a appuyé sur ce *j'ai*, le Capitaine répond:

"It is better for me to speak English, I think."

(Ce qui suit fut dit en anglais, mais nous le rapporterons en français avec *vous* au lieu de *tu*, à la manière anglaise.)

— Vous vous appelez Chocolat, n'est-ce pas?

— Oui, mon Capitaine, je m'appelle Chocolat.

— Eh! bien, Chocolat, voulez-vous nous faire le plaisir, à ma compagnie et à moi, de déjeuner avec nous?

— Avec plaisir et très honoré, mon Capitaine.

25

. . . Voilà Chocolat assis sur ses talons, dans l'herbe, et déjeunant de bon appétit.

On le questionne sur son père, sa mère, Paris, le Pont de la Concorde, son arrivée à Saint-Malo. Tout cela entrecoupé par des:

— Voulez-vous encore un peu de saumon?

— Merci, mon oncle Sam.

Voilà Chocolat déjeunant de bon appétit.

— Vous n'avez plus de pain . . . Un morceau de pain pour Chocolat!

— Tenez, neveu, encore du fromage, etc.

Chocolat a maintenant autant d'oncles Sam qu'il y a de soldats. Il a un oncle Sam collectif: la Compagnie, la Division toute entière. C'est un oncle Sam géant comme celui apparu en rêve, hier soir, du haut rempart dominant la vaste mer.

I. CAUSERIE EXPLICATIVE ET GRAMMATICALE

(*a*) **faire queue,** "to stand in line." Le mot *queue* signifie "tail."

Une queue de personnes c'est une longue ligne ou file de personnes.

(*b*) **il n'en a plus vu depuis des mois.** Pour cette construction avec *depuis*, voyez I (*a*), Leçon 4.

ne+(*verbe*)+*plus* signifie "no more, no longer."

(*c*) **avoir faim.** Voyez I (*a*), Leçon 1.

(*d*) **appuyer sur un mot** c'est dire ce mot avec emphase. **tu, vous.** Quand emploie-t-on *tu* au lieu de *vous* en français?

(*e*) **faire le plaisir de.** Comment dites-vous cela en anglais? ("To be so good as to . . .")

(*f*) **Voilà Chocolat assis.** Pour ce *voilà* vous dites "now . . . is," n'est-ce pas?

(*g*) **Encore du . . ., encore un peu de . . .** En anglais vous dites "some more . . ., any more . . .," n'est-ce pas?

Verbes à pratiquer: **se tenir** à une distance respectueuse (liste I); **apprendre** le français (voyez *prendre*, liste I).

II. POUR APPRENDRE À PARLER

Les pronoms interrogatifs "who? what?"

WHO? (*sujet*)	WHAT? (*objet d'un verbe*)
qui? *ou*	que? *ou*
qui est-ce qui?	qu'est-ce que?

NOTE. — "What?" sujet pour les choses est *qu'est-ce qui?*
Qu'est-ce qui tombe de votre poche?

Lisez les phrases suivantes, puis refaites la question en employant la forme équivalente du pronom interrogatif:

1. Qui invite le neveu Chocolat? — C'est . . .
2. Qui fait queue aux postes de ravitaillement? — Ce sont . . .
3. Qu'ont-ils à la main?
4. Qui n'a plus vu de pain blanc depuis des mois?
5. Qui appuie sur ce mot *j'ai?* — C'est . . .
6. Qu'est-ce qui a été dit en anglais avec *vous* au lieu de *tu?*

Conversation. — Répondez:

1. Comment sont les fusils de la Division?
2. Qu'est-ce qui couvre la côte à perte de vue? — Ce sont . . .
3. Depuis combien de temps est-ce que Chocolat n'a plus vu de pain blanc?
5. Qu'est-ce que le Capitaine White demande à Chocolat?
6. Comment Chocolat déjeune-t-il?

Construction spontanée. — Sur III ci-dessous.

III. POUR APPRENDRE À ÉCRIRE

It is noon.   The tents cover all the shore as far as the eye can see.   The uncles stand in line at the mess-tent.

"Chocolat, will you be good enough to have lunch with us?"

Who (*both ways*) is giving (**faire**) this invitation?

It is the Captain.

... Now Chocolat is sitting (*passive voice*) in tailor fashion on the grass.

What (*both ways*) have they for lunch?

What do they ask him?

They ask him: "Will you (have) some more salmon? You have no cheese left; have a little more, won't you?"

SEPTIÈME LEÇON

AU SERVICE DE L'ONCLE SAM

Le Capitaine White fait les cent pas, tout seul devant sa tente. Il a une idée pratique — une idée d'oncle Sam.

— Hé! Chocolat! J'ai besoin de vous.

— A votre service, mon Oncle.

— Vous parlez français et anglais, n'est-ce pas?

— On le dit, mon Capitaine.

— Voulez-vous entrer au service de l'oncle Sam? interprète dans ma Compagnie, nourriture avec paie régulière de trente dollars par mois.

— Ça, c'est «épatant,» mon Capitaine! Pour la nourriture, entendu. Quant à la paie, n'en parlons pas: l'honneur me suffit.

— Allons, mon neveu, nous verrons ce détail.

. . . Une demi-heure plus tard, sonnerie de clairon. La Compagnie se rassemble en hâte, tous les hommes dans la position du «garde à vous.»

Chocolat est à quinze pas en avant, le petit doigt sur la couture de sa . . . culotte, tête droite, les yeux à l'horizon.

«Lieutenant Brown, lisez.» Et le Capitaine lui remet une grande feuille de papier semi-officiel, dûment timbrée et datée.

Et voici ce que lit le lieutenant:

«Corps Expéditionnaire des Forces Américaines en France.

«Certifions par le présent acte que . . .»:

Campement de Saint-Malo Paramé.

Aux intéressés:

Certifions par le présent acte que le nommé Dupont (Henri-Gaspard), surnommé Chocolat, Français, né à Paris le 3 juin 1905, orphelin de père et de mère, a été enrôlé, ce jour, en qualité d'interprète par la 1ère Compagnie du 1er Régiment de la 1ère Division du Corps Expéditionnaire.

En foi de quoi, &c.

Nez: moyen, retroussé!

SIGNALEMENT DU SUS-DIT:

Taille: 1 mètre 20. Nez: moyen, retroussé.
Teint: Chocolat(!) en été. Bouche: moyenne.
Figure: ovale. Barbe: (? !)
Cheveux: châtains. Oreilles: petites.
Front: haut, intelligent. Menton: carré, volontaire.
Yeux: bruns. Signes particuliers: aucun.

Cette lecture finie, le Capitaine commande: «Sonnez, clairons!»

C'est ainsi que le surnommé Chocolat entra au service de l'oncle Sam.

I. CAUSERIE EXPLICATIVE ET GRAMMATICALE

(*a*) **faire les cent pas**, ou **marcher** (ou **se promener**) **de long en large**. En anglais, on dit: "to walk up and down."

(*b*) **Avoir besoin de** (**quelqu'un** ou **de quelque chose**), "to need (some one or something)":

> J'ai besoin de lui.
> J'ai besoin de mon dictionnaire.
> J'ai besoin de manger, de boire et de dormir.

Continuez à toutes les personnes, forme interrogative.

(*c*) **On le dit**, "people say so." Dans ce cas le pronom *le* "(so)" remplace une phrase "(sentence)," une proposition "(clause)."

(*d*) **Ça, c'est épatant** (**beau**, etc.). Le pronom *ça* est emphatique et redondant. Sans emphase: C'est épatant, etc.

(*e*) Remarquez les expressions suivantes:

. . ., **n'est-ce pas?** "(. . ., is it not?)=don't you? didn't he," etc., pour toutes les personnes et pour tous les temps.

trente dollars par mois (ou **le mois**), etc. En anglais, dans ces expressions, on dit: "a month, a week," etc.

Entendu, "Agreed!" "All right!" Du verbe *entendre* qui signifie aussi *comprendre*.

Quant à . . ., "as for . . ."

Garde à vous! ou **Attention!** Commandements militaires.

Gare à vous! "Take care of yourself!" "Look out!"

Le petit doigt sur la couture du pantalon. C'est la position réglementaire du soldat attentif. Chocolat a "(wears)" une *culotte*.

Aux intéressés, "To whom it may concern."

En qualité d'interprète, ou **comme interprète,** "as interpreter."

En foi de quoi, "in witness of which."

Le sus-dit. *Sus* pour *ci-dessus,* "the above mentioned."

Verbes à pratiquer: **avoir besoin de** quelqu'un; **entrer** dans la salle.

II. POUR APPRENDRE À PARLER

Pronoms personnels conjoints ou atones "(unstressed)."

(*a*) Répondez affirmativement aux questions suivantes en employant immédiatement devant le verbe un pronom conjoint pour les mots en italique:

1. Voyez-vous *le Capitaine White?* — Oui, je le . . .
2. L'honneur suffit-il *à Chocolat?*
3. Chocolat a-t-il *les yeux* à l'horizon?
4. Chocolat a-t-il *la figure* ovale?
5. A-t-il *les cheveux* châtains?
6. A-t-il *les oreilles* petites?
7. Et *le nez?*

(*b*) Maintenant répondez négativement.

Conversation. — Répondez:

1. Que fait le Capitaine White? *ou* Qu'est-ce que fait le Capitaine White? *ou* Le Capitaine White que fait-il?
2. De quoi a-t-il besoin?
3. Chocolat parle français et anglais, n'est-ce pas?
4. Combien gagnera-t-il par mois?
5. Que dit-il quant à (*ou* au sujet de) cette paie régulière?
6. En qualité de quoi (*ou* comme quoi) est-il enrôlé dans la Compagnie?
7. Comment a-t-il le teint? la figure? les cheveux?

Construction spontanée. — Dites III spontanément.

III. POUR APPRENDRE À ÉCRIRE

.Captain White is walking up and down in front of Chocolat.

He needs him. He sees him. He says to him: "Chocolat, do you want to enlist in (à) the service of Uncle Sam as interpreter? board and thirty dollars a month."

"With pleasure, Captain. As for board it's agreed. As to the thirty dollars, the honor is enough."

Has Chocolat an (la) oval face? Yes, it is oval (or he has it oval). Are his eyes brown? Yes, they are brown (or he has them brown). Is his mouth of average size? Yes, it is (or he has it average). And his ears? They are small.

HUITIÈME LEÇON

LA PREMIÈRE CLASSE DE L'ONCLE SAM

Sept heures. Pas de permission. Ordre de rester au camp, ce soir d'arrivée. Que faire?

Les hommes de la 1ère Compagnie entourent leur nouvel interprète.

— Dites donc, neveu Chocolat, apprenez-nous quelques mots de français.

— Avec plaisir, mes Oncles.

. . . Vite on cherche un morceau de craie. Voici un grand papier d'emballage, épais et noir; on le cloue sur une planche: cela fait un tableau . . .

«Mettez *ne* après le sujet, *pas* après . . .»

Chocolat monte sur une caisse vide; les hommes s'assoient en demi-cercle autour de lui. Solennel et inspiré il commence:

«Soldats, apprendre une langue n'est pas apprendre des *mots* isolés. Un mot n'est qu'une unité impuissante et sans fonction, c'est un soldat en congé. Apprendre une langue c'est apprendre des *formes* qui, comme des soldats, groupent ces mots en compagnies. L'ensemble de ces formes constitue une armée prête à marcher.

Ces formes affirment, nient, demandent quelque chose.

Il y a trois formes élémentaires indispensables:

I. *Forme affirmative:* Vous me parlez français.

    Vous êtes à Saint-Malo ce soir.

II. *Forme négative:* Vous ne me parlez pas allemand.

    Vous n'êtes pas encore arrivés à Berlin.

Règle: Pour construire la forme négative, prenez l'affirmative et mettez-y *ne* après le sujet, *pas* après le premier verbe.

III. *Formes interrogatives.* Nous en avons deux:

(*a*) Est-ce que vous me parlez français?

Règle: Mettez *est-ce que* devant l'affirmative.

(*b*) Me parlez-*vous* français?

Règle: Mettez après le verbe le *pronom sujet* de la forme affirmative.

Quelques exercices d'application maintenant:

I. 1. Nous sommes les soldats de l'oncle Sam.
　2. Vous me parlez français.
　3. Nous allons à Berlin.

II. Dites les trois phrases ci-dessus à la forme négative en remplaçant *l'oncle Sam* par *Guillaume, Berlin* par *Bruxelles.*

III. Faites interrogatives les trois phrases en I ci-dessus: forme (*a*) d'abord, puis forme (*b*).»

. . . Et toute la Compagnie criait avec Chocolat ces phrases que le grand vent du large emportait vers le Rhin.

Mon bon oncle Sam, quelle beauté et quel enseignement votre «première classe» de français sur la terre de France, au soir de votre arrivée!

Là-bas, dans toute l'Alsace — ils en étaient sûrs maintenant — la «dernière classe»[1] d'il y a cinquante ans allait bientôt se continuer.

I. CAUSERIE EXPLICATIVE ET GRAMMATICALE

(*a*) **un papier d'emballage**. Le verbe correspondant est *emballer*, "to wrap or pack."

(*b*) **Quel! Quelle!** etc. Pour ce *quel!* exclamatif on dit en anglais "What (a)!"

---

[1] C'est une allusion au conte si populaire de Daudet.

(*c*) **allait se continuer.** Forme pronominale pour *allait continuer* qui est correct aussi.

Verbes à pratiquer: **Commencer** la leçon (voyez Appendice 5, *c*); **aller** en France et à Paris.

II. POUR APPRENDRE À PARLER

Les pronoms adverbes **y, en.**

(*a*) Répondez affirmativement et négativement aux questions suivantes en remplaçant les mots en italique par *y* ou *en*:

1. Chocolat monte-t-il *sur la caisse vide?*
2. Les Américains sont-ils *à Saint-Malo?*
3. Sont-ils arrivés *à Berlin?*
4. Venez-vous *de Bruxelles?*
5. Les oncles Sam viennent-ils *d'Amérique?*
6. La dernière classe allait-elle bientôt se continuer *en Alsace?*

NOTE. — Comme *Alsace* est l'objet de *continuer*, mettez le pronom immédiatement avant ce dernier verbe.

(*b*) Lisez les phrases suivantes puis, de chacune, faites une question, formes (*a*) et (*b*), en employant le pronom *y* ou *en* pour les mots en italique:

1. Il monte *sur la caisse.*
2. Il est *à Saint-Malo.*
3. Nous allons *à Berlin.*
4. Vous arrivez *d'Amérique.*
5. Vous venez *de Bruxelles.*
6. Vous arrivez *de Bruxelles.*

Si vous trouvez quelque difficulté à cet exercice, construisez d'abord l'affirmative avec le pronom, puis faites la question en appliquant les règles en III, page 37 ou Appendice 3.

Conversation. — Répondez:

1. Que font les Oncles de ce papier d'emballage?
2. Comment s'assoient-ils pour leur leçon?
3. Quelles sont les trois formes indispensables pour parler ou écrire une langue?
4. Quelles sont les deux manières de faire une question?
5. Quelle leçon! et quel enseignement! n'est-ce pas? cette première classe de français. — Oui, quelle . . .!

Construction spontanée. — Dites III spontanément.

III. POUR APPRENDRE À ÉCRIRE

The Uncles have no leave.   They remain in camp that evening.

Do they remain (there)?   Yes, they remain (there); they don't go away (from it).   (Use *partir de*.)

Do they go away (from it)?   No, they don't go away (from it).

Chocolat climbs upon an empty case.   He climbs on it and begins his lesson.

He says to the Uncles: "We are going to Berlin, we are going there.   Are we going there?   Yes, we are going there.

We are not going to Brussels.   Are we going there?   No, we are not going there.

You come from America, don't you?   Do you come from there?   Yes, I come from there.

Is the piece of chalk on the case?   Yes, it is (there)."

NEUVIÈME LEÇON

UNE GALANTERIE DE L'ONCLE SAM

— Chocolat! une bonne nouvelle aujourd'hui.

— Quoi donc, mes Oncles?

— Nous avons pu obtenir une permission de ville; nous sommes dix de notre Compagnie. Nous comptons sur vous, neveu.

— Mais, comment donc! avec plaisir, mes Oncles.

Et sur cette réponse très affirmative, les permissionnaires remettent à leur interprète une petite sacoche · khaki où chacun d'eux a déposé cinq francs en monnaie française.

— Et maintenant en route, camarades!

— Comment irons-nous à Saint-Malo? par le tramway?

— De tramway, il n'y en a pas, mes Oncles. Prenons le petit chemin de fer Decauville,[1] il nous y conduira en un quart d'heure.

... Quelques minutes plus tard, à la station de Paramé, oncles et neveu montaient dans le train et Chocolat demandait:

— Un billet pour Saint-Malo, combien est-ce, Madame?

[1] La Compagnie Decauville a construit en France de petites lignes de chemin de fer d'intérêt local.

41

— Vingt centimes, mon petit garçon.

Et le «petit garçon» après un rapide calcul mental, ouvrait fièrement sa sacoche et disait: «Voici 2 francs 20, Madame, pour mes dix hommes et pour moi.» Puis il expliquait à ses «dix hommes» que, depuis la guerre, les femmes de France remplaçaient leurs maris partis au front, qu'au lieu de conducteurs on avait des conductrices et que tout allait comme par le passé.

«Saint-Malo! tout le monde descend!»

Les visiteurs entrent dans la ville par la porte Saint-Vincent et font leurs réflexions:

— Comme ces rues sont étroites et tortueuses!

— Oui, nos jeunes villes américaines sont bâties d'après plan avec des rues larges, toutes droites et faciles pour l'installation de nos lignes de tramway où, tout le long, les maisons viennent docilement s'aligner.

— Ici, ces vieilles rues capricieuses existaient bien avant l'invention des tramways.

— Regardez donc ces maisons. Chacune semble avoir sa personnalité, son histoire, sa célébrité. En voici de centenaires, pleines de souvenirs.

— Vous avez raison, mon Oncle. Voyez cette plaque commémorative:

«Ici est né Chateaubriand.» Plus loin, c'est Lamennais. Sur une autre, Jacques-Cartier.

— Chocolat, j'y pense, voilà huit jours que je n'ai pas fumé. Où peut-on acheter des cigarettes?

— Essayons ce bureau de tabac, mon Oncle.

— Mademoiselle, un paquet de cigarettes, s'il vous plaît, des meilleures.

— Des cigarettes! nous n'en avons plus, mon petit. C'est pour les soldats aux tranchées. Mais voici de belles cartes-postales si ces messieurs en désirent. C'est cinquante centimes la collection.

— Pour sûr que ces messieurs en désirent! N'est-ce pas, mes Oncles?

Les Oncles veulent être aussi galants que leur neveu et, pour venir en aide à la demoiselle qui ne vend plus de tabac, chacun d'eux choisit quatre collections de cartes-postales. Chocolat rouvre fièrement sa sacoche, y prend une belle pièce de 20 francs et dit: «Voilà, ma petite Mademoiselle.»

Et la petite demoiselle, heureuse, les remercie tous d'un baiser collectif, envoyé gentiment du bout des doigts.

I. CAUSERIE EXPLICATIVE ET GRAMMATICALE

(*a*) **quoi.** On emploie *quoi* au lieu de *que* sans verbe exprimé ou après une préposition.

(*b*) (**Mais**) **comment donc!** C'est une forme emphatique pour *oui, certainement.*

(*c*) **Comme** (ou **que**) **ces rues sont étroites!** Exclamatifs pour "How . . .!" Remarquez l'ordre des mots.

(*d*) **des rues toutes droites.** Ici *tout* est adverbe et signifie "very," mais varie dans ce cas devant un adjectif féminin commençant par une consonne ou un *h* aspiré.

(*e*) **j'y pense.** En français, on pense à quelque chose; par conséquent le pronom *y* signifie "to it" (*pour*, "of it").

(f) **demoiselle**, "young lady"; **Mademoiselle**, "Miss X." *Demoiselle*, quand on parle d'elle; *Mademoiselle* quand on lui parle. De même pour *dame* et *Madame*.

Verbes à pratiquer: **obtenir** une permission (voyez *tenir*, liste I); **ouvrir** la fenêtre (liste II).

II. POUR APPRENDRE À PARLER

Le passé de la conversation ou passé indéfini.

(a) Les phrases suivantes sont au présent, mettez-les au passé indéfini:

1. Les Oncles remettent une petite sacoche à leur interprète.

2. Ils vont en ville.

3. Ils y vont par le petit chemin de fer.

4. Ils montent (*actif*) dans le train, ils y montent.

5. Ils les y conduit en un quart d'heure.

6. Chocolat demande le prix des billets.

7. Il ouvre sa sacoche et paie la conductrice.

8. Les visiteurs entrent dans la ville et font leurs réflexions.

9. Au bureau de tabac, chacun d'eux choisit quatre collections de cartes-postales.

10. La demoiselle les remercie d'un baiser envoyé du bout des doigts.

(b) Des phrases ci-dessus, faites des questions au passé indéfini et répondez négativement.

Conversation. — Répondez:

1. Qu'est-ce que Chocolat a répondu quand ses Oncles lui ont dit: «Nous comptons sur vous»?

2. Ont-ils pris le tramway pour aller à Saint-Malo?

3. En combien de temps les y a-t-il conduits?
4. Où sont-ils allés acheter des cigarettes?
5. Qu'est-ce qu'ils ont acheté au bureau de tabac?
6. Qu'est-ce que Chocolat a dit en les payant?
7. La petite demoiselle qu'a-t-elle fait alors?

Construction spontanée. — Dites III spontanément.

III. POUR APPRENDRE À ÉCRIRE

Yesterday the Uncles had a piece of good news (*ont eu une bonne nouvelle*). What?

They had leave to go to the city. Each of them put five francs into a little pouch and they handed it to Chocolat.

They went down town on (*par*) the little railway. It was (*c'est*) Chocolat who paid the conductor for the tickets (*who paid the tickets to the conductor*).

They saw the house where Châteaubriand was (*est*) born.

The young lady at (*de*) the tobacconist's told them that she had no cigarettes left.

They bought collections of post cards. She thanked them with a kiss for all of them, thrown with the tips of her fingers.

DIXIÈME LEÇON

L'ONCLE SAM AU MARCHÉ

— A la guerre comme à la guerre! dit l'Oncle fumeur en sortant du bureau de tabac. La joie de cette petite Française me tiendra compagnie en attendant le Bull Durham qu'on annonce de chez nous. Et puis le tabac, vous savez . . . Mais qu'est-ce que c'est que ce rassemblement là-bas sur la place?

— Ce doit être le marché. Oui, mes Oncles, aujourd'hui c'est jour de marché à Saint-Malo, j'en suis sûr.

— Allons voir ça alors, ce sera intéressant . . .

En effet, sur la grande place carrée, aux gros pavés raboteux, dans le cadre des maisons centenaires, les paysannes des villages voisins — assises sur la bordure des trottoirs, les marches de la fontaine ou des pliants — vantent leur marchandise étalée:

— Par ici pour les beaux légumes, Mesdames! Carottes nouvelles, dix sous la botte! Vous faut-il de la salade, Mademoiselle? de la laitue? du cresson? de la romaine? Elle n'est pas chère.

— Voyez mes haricots verts, mes petits pois, mes choux-fleurs!

— Du beurre frais, Mademoiselle? 3 francs la livre.

— Allons, Madame, achetez-moi ces beaux œufs; 4 francs la douzaine, c'est pour rien.

— Comme tout est cher! comme tout monte en cette saison! répondait une pauvre femme d'ouvrier, son panier vide au bras et suivie de ses quatre enfants pâles.

— Allons, la mère Lanec, laissez-moi votre beurre à 2 francs 50, à cause de mes enfants.

Un grand gaillard en khaki que . . .

— Impossible, ma bonne femme, j'y perdrais.

Les Oncles la regardent, hésitante, inquiète s'en aller plus loin. Ils s'informent. Chocolat trouve l'explication: elle est veuve et son aîné est parti comme les autres; il lui reste quatre enfants, les voilà . . .

Un coup d'œil à ses compagnons et l'un des Oncles s'empare du panier de la bonne femme. Sans rien dire, il l'emplit de bonnes pommes de terre, de beaux œufs, du beurre le plus frais, puis, se tournant vers Chocolat:

«Caissier, dépêchez-vous de payer ça ou l'on va nous arrêter comme voleurs.»

La femme au panier veut remercier, mais les Oncles, pressés, s'en vont avec des gestes et des mots qu'elle essaie de comprendre:

"Don't mention it! *Vousse êtez* welcome. We are in a hurry . . . Your four children . . . ."

Bientôt après, les bonnes gens, sur le pas de leur porte, voyaient passer par les rues de la ville de grands gaillards en khaki que quatre petits Malouins, en culotte trouée mais riant de toutes leurs dents, conduisaient par la main.

I. CAUSERIE EXPLICATIVE ET GRAMMATICALE

(*a*) **A la guerre comme à la guerre**. C'est un dicton qui correspond à: "You'll have to put up with things as they are."

(*b*) **la place aux** (=*à les*) **pavés; la femme au** (=*à le*) **panier; les garçons en culotte trouée**. Ces prépositions *à, en* servent ici à décrire: "with, wearing a . . ."

(*c*) **vous faut-il de la salade?** *Falloir* dans le sens de "to want," "to need" ou *avoir besoin de salade*, etc.

(*d*) **j'y perdrais**. *Perdre à*, par conséquent *y* (=*à cela*): Je perdrais à cela, j'y perdrais.

(*e*) Remarquez ces formes pronominales ou réfléchies: **s'en aller** (ou **partir**), "to go away"; **s'informer**, "to inquire"; **s'emparer de**, "to seize"; **se dépêcher**, "to hurry."

Toutes les formes réfléchies ou pronominales prennent l'auxiliaire *être* aux temps composés.

Continuez les formes suivantes:

PRÉSENT	PASSÉ INDÉFINI
Je m'en vais, etc.	Je m'en suis allé, etc.
Je me dépêche, etc.	Je me suis dépêché, etc.

(*f*) **ou (l')on va nous arrêter.** Cet *l'* devant *on* n'est pas un pronom ici; c'est une lettre euphonique qu'on peut omettre en prose.

(*g*) **des petits pois,** "French peas." C'est un véritable nom composé sans trait d'union. En syntaxe, dans ces cas, *petits* n'est pas considéré comme un adjectif; d'où ("hence") *des* au lieu de *de*.

Verbes à pratiquer: **acheter** des œufs (voyez Appendice 5, *a*); **se dépêcher de** les payer.

II. POUR APPRENDRE À PARLER

(*a*) Construction partitive. Le pronom *en* remplaçant un nom partitif:

J'ai du beurre; j'en ai.
J'ai de la salade, j'en ai.
J'ai des œufs, j'en ai.

1. Faites négatives les trois phrases ci-dessus.
2. Placez-y devant le nom un adverbe de quantité: peu, beaucoup, combien, etc.
3. Placez-y devant le nom un adjectif: bon, beau, etc.
4. Un nom de quantité ou de mesure: une livre, une douzaine, etc.

5. Continuez à toutes les personnes: J'en ai, tu en as . . .

puis: Je n'en ai pas, etc.; puis: En ai-je? etc.

(b) Remarquez:

Avez-vous un panier? — J'en ai un (deux, etc.).

Mais, sens de "none, not any":

Avez-vous un panier? — Non, je n'ai pas de panier, *ou* Je n'en ai pas.

Conversation. — Répondez en employant un pronom objet pour les mots en italique:

1. Où ces paysannes sont-elles assises?
2. Quel est le prix des carottes?
3. Et des œufs?
4. Vous faut-il *des œufs?*
5. Combien vous en faut-il?
6. Que dit cette pauvre femme en voyant que tout est si cher et où s'en va-t-elle?
7. Et les Oncles que font-ils alors?
8. Et l'Oncle fumeur?
9. Que dit-il ensuite au caissier?

Construction spontanée. — Dites III spontanément.

III. POUR APPRENDRE À ÉCRIRE

To-day is market day at Saint-Malo.

The peasant women are in (*sur*) the big square market place with the (*aux*) uneven paving-stones. They are praising their goods displayed in front of them.

— I have carrots, Madame. — How much? — Ten cents a bunch.

— Here are some fine fresh eggs. — How much a dozen? — Four francs a dozen. — I'll take a dozen (of them).

— Do you want any butter? — Yes, a pound of butter.

— Lettuce? — No, thanks, no lettuce, I already have some.

— Have you a basket? — Yes. I have one. No, I haven't any.

... That poor woman who is going away yonder can buy nothing. The Uncles look (at) her and make inquiries. They seize her basket, fill it with good butter, fine eggs and good vegetables.

— Cashier, hasten to pay (for) that!

Il est maintenant cinq heures de l'après-midi. Les Oncles, de retour à Paramé, viennent de descendre du train. Ils se dirigent vers leur camp, à dix minutes de là, tout au plus. Ils ont encore une demi-heure avant le «rata.»[1] Il fait assez chaud en ces jours de juillet. Au bout du petit sentier qu'ils suivent, il y a un gros noyer qui fait une grande tache d'ombre reposante.

— Mes Oncles, dit Chocolat, je n'ai jamais eu tant d'argent sur moi qu'aujourd'hui; c'est une grande responsabilité et je voudrais bien maintenant mettre ma caisse en ordre.

— Ce n'est pas nécessaire, Caissier; mais si vous y tenez, nous vous écoutons.

Et l'on s'assoit au pied de l'arbre, dans l'herbe haute et molle. Le Caissier ouvre sa sacoche, en tire un petit carnet où, à la première page, il a tracé de belles lignes verticales pour la colonne des francs et celle des centimes et il lit:

[1] C'est ainsi que les soldats appellent leur ragoût ("stew"), de pommes de terre ou de haricots.

«Il reste donc 8 francs 50.»

CAISSE DES ONCLES SAM

2 juillet 1917	RECETTES		DÉPENSES	
En caisse au départ:	50	00		
Train Paramé Saint-Malo:			2	20
Achat de cartes postales:			20	00
Marché des Oncles:			17	10
Retour Saint-Malo Paramé:			2	20
Totaux:	50	00	41	50
Balance en caisse:			8	50
	50	00	50	00

— Il reste donc 8 francs 50. C'est bien çà, les voici. Il revient donc à chacun de mes Oncles 0 fr. 85, ou 17 sous. Veuillez vérifier.

— Allons, c'est très bien, Caissier, vos comptes sont justes. Inutile de vérifier et d'ailleurs nous ne savons pas compter en français.

Mais l'un des Oncles avait déjà pris sa plume-réservoir et écrivait au bas de la page:

«Vu. Approuvé et décidé que la balance en caisse revient au caissier Chocolat en témoignage de sa bonne administration.

Signé: H. W. BROWN.»

— Vous êtes toujours les mêmes, mes Oncles! Merci infiniment.

I.   CAUSERIE EXPLICATIVE ET GRAMMATICALE

(*a*) **venir de**+un infinitif.   Voyez leçon 3, I (*b*).   Continuez à toutes les personnes:

Je viens de descendre du train; je viens d'en descendre.

(*b*) **se diriger vers le** (ou **aller au**) **camp**, "to go to the camp."   Forme pronominale.

(*c*) **à dix minutes de là, tout au plus**, "ten minutes walk from there, at the outside."

(*d*) **il fait assez chaud**.   Ici, *assez* signifie "rather."

(*e*) **tenir à quelque chose, y tenir**.   En anglais on dit: "to care for (be anxious about) something":

Je tiens à cela, j'y tiens beaucoup.

Continuez cette forme affirmativement, puis interrogativement.   A la 1ère personne du singulier, pour l'euphonie, n'employez que la forme *est-ce que . . .?*

(*f*) **C'est bien ça** pour: *c'est juste, c'est correct.*

Verbes à pratiquer: **vouloir** mettre la caisse en ordre (liste I); **tracer** une ligne verticale (voyez Appendice 5, *c*).

II.   POUR APPRENDRE À PARLER

Ordre relatif des pronoms objets.

Rappelez-vous que les pronoms *y, en* viennent toujours les derniers.

(*a*) Lisez et observez:

1. Vous descendez $\bar{du}$ (=*de*+*le*) *train*, vous *en* descendez.
2. Vous vous dirigez *vers le camp*, vous vous *y* dirigez.

3. Nous allons *sous ce gros noyer*, nous *y* allons.

4. Vous prenez la sacoche et vous me la donnez.

5. Il partage l'argent, il le leur partage.

(*b*) 1. Faites négatives les phrases ci-dessus.

2. Dites-les au passé indéfini.

3. Transformez-les en impératifs affirmatifs, puis négatifs.

Rappelez-vous que l'impératif affirmatif est toujours construit comme en anglais: avec les pronoms objets après le verbe et dans l'ordre anglais.

Conversation. — Répondez en employant un pronom objet pour les mots en italique:

1. Les Oncles viennent-ils de descendre *du train?*

2. Se dirigent-ils *vers le camp?*

3. Est-il loin *de là*, ce camp?

4. N'y a-t-il pas un *gros noyer* au bout du petit sentier?

5. S'assoient-ils *au pied de ce noyer?*

6. Est-ce que Chocolat tient *à mettre sa caisse en ordre?*

7. Prend-il *sa sacoche* et la donne-t-il *à ses Oncles?*

8. Qu'est-ce que l'un des Oncles écrit *au bas de la page?*

Construction spontanée. — Dites III spontanément.

III. POUR APPRENDRE À ÉCRIRE

Our soldiers on leave have just got off the train and are going to their camp, a ten-minutes walk from there.

They go (and) sit down under a big walnut-tree which forms a big spot of restful shade.

Chocolat is anxious to put his accounts in order. He takes his pouch and takes from (*tirer*) it a note-book. On (*à*) the first page he has drawn some vertical lines, he has drawn four (of them).

The total (of the) expenses is 41 francs 50 centimes. There remain then in his pouch 8 francs 50 centimes. He gives them to them. He gives to each one 85 centimes or 17 sous.

"Keep it for yourself as a testimony of your good management," said one of the Uncles to him; and he gives it back to him.

"Thank you ever so much," answers Chocolat.

DOUZIÈME LEÇON

LE 4 JUILLET DE L'ONCLE SAM

Ce fut une double fête nationale, ce 4 juillet 1917 sur la terre de France.

De bonne heure, Saint-Malo et les villages voisins s'éveillent au son joyeux des cloches, des salves d'artillerie de la batterie installée à la vieille citadelle.

Dans la matinée, le général américain passe la revue de sa division et proclame son ordre du jour, lu à toutes les compagnies:

«Soldats! En ce jour anniversaire de notre indépendance, vous n'oublierez pas que vous êtes les fils de Washington. Vous penserez à l'œuvre de justice, de liberté, d'humanité qui vous amène ici. L'Amérique et la France ont les yeux sur nous. Je compte sur chacun de vous pour la discipline, la courtoisie, le respect dus à tous nos hôtes: femmes, vieillards, enfants.

Vous avez la permission de dix heures du soir.

Vive l'Amérique! Vive la France!»

Bientôt, les Yanks, en bandes joyeuses, quittent leur camp pour la ville et les villages voisins.

Quel enthousiasme! Les monuments publics, les maisons particulières sont décorés de drapeaux américains et français. Sur les places on a dressé des arcs de triomphe, des estrades pour les musiques et les

58

fanfares. Elles jouent la Marseillaise et l'hymne américain que les Français appellent le «Drapeau étoilé.»

Les oncles Sam, dans les rues, sont entourés de gens
heureux qui les suivent. On rit, on se donne des
poignées de main, on parle par gestes, mais on se com-

Le bouquet enfin. C'est l'oncle Sam!

prend tout de même. On sait maintenant que la délivrance est proche. Patience, «on les aura!»[1]

Les enfants allument des pétards et des fusées. On
danse sur les places publiques. On va prendre des
rafraîchissements aux terraces des cafés; il ne manque
que des glaces!

[1] "We shall get them!"

Voici le soir qui tombe. C'est l'heure du feu d'artifice.
Il est là-bas en mer, en face des remparts, sur un énorme
rocher nommé le Grand Bé, où Chateaubriand repose,
solitaire, dans sa gloire.

Les premières fusées partent, crèvent. La belle
dorée! Une pluie d'étoiles bleues, blanches et rouges,
celle-ci! Un feu de bengale, ça! il enflamme toute la
mer . . .

Le bouquet enfin. C'est l'oncle Sam! Le même
que Chocolat a vu en rêve il y a quelques jours du haut
de cette même muraille.

. . . L'oncle Sam du feu d'artifice vient de s'évanouir
dans une gloire d'apothéose, mais ses neveux sont toujours là.

Avec Chocolat ils reprennent le chemin du camp
pour y préparer la Victoire.

I. CAUSERIE EXPLICATIVE ET
GRAMMATICALE

(a) **Ce fut . . ., les villages s'éveillent** . . . Remarquez
l'emploi du passé défini ("narrative past") ou du présent
narratif dans cette narration.

(b) **gens**. C'est un nom masculin pluriel qui signifie
les personnes ("people") en général.

(c) **On se donne des poignées de main**. C'est une
forme réciproque: "People shake hands with each other."

(d) **une glace, des glaces**, "an ice-cream, ice-creams";
de la glace, "some ice." En France, avant la guerre, on
ne vendait des glaces que dans les **grands restaurants**.

(*e*) **un feu d'artifice**, "fireworks"; **un feu de bengale,** "Bengal light"; **le bouquet** (d'un feu d'artifice); c'est la dernière pièce d'un feu d'artifice, souvent en forme de bouquet et quelquefois représentant un personnage populaire.

(*f*) **François-Réné de Chateaubriand** (1768–1848) est un des plus célèbres écrivains français. Il est né à Saint-Malo et y est enterré ("buried").

Verbes à pratiquer: **penser** à quelque chose; **aller** prendre quelque chose.

II. POUR APPRENDRE À PARLER

Pronoms démonstratifs.

(*a*) Montrez successivement trois choses sans les nommer et dites ce que c'est en employant les pronoms démonstratifs invariables signifiant "this, that (thing)."

(*b*) Dans les phrases suivantes au lieu de répéter le nom en italique employez un pronom démonstratif:

1. Voici deux fanfares; *cette fanfare-ci* joue la Marseillaise; *cette fanfare-là,* Over There.

2. Voici deux soldats; *ce soldat-ci* est américain; *ce soldat-là* est français.

3. Voici des soldats; *ces soldats-ci* sont américains; *ces soldats-là* sont français.

4. Voilà deux fusées; *cette fusée-ci* est bleue; cette *fusée-là* est rouge.

5. Washington et Chateaubriand sont deux hommes célèbres; *l'un* est français; *l'autre* est américain.

Conversation. — Répondez en employant des pronoms démonstratifs pour les mots en italique:

1. Quelle est la date de la fête nationale des Américains? — C'est le . . .

2. Quelle est la date de celle des Français?

3. Qu'est-ce que le général américain a fait dans la matinée de ce jour-là?

4. Que leur a-t-il dit dans son ordre du jour?

5. Qu'est-ce que les "Yanks" ont fait après?

6. *Ces deux musiques* que jouent-elles?   (2 *pronoms.*)

7. Que faisaient les gens dans les rues?

8. Voici *deux fusées;* dites-en la couleur?   (2 *pronoms.*)

9. Que représentait le bouquet du feu d'artifice?

10. Les Oncles qu'ont-ils fait après le feu d'artifice?

Construction spontanée. — Dites III spontanément.

III. POUR APPRENDRE À ÉCRIRE

Comme ceci est une narration, vous pouvez employer le passé défini ou le présent narratif au lieu du passé indéfini.

On the morning of the Fourth of July, the American General reviewed his division. Then he read the order of the day, and the soldiers left (*le*) camp and went down town.

What enthusiasm! The bands play. This (one) the Marseillaise, that (one) the Star Spangled Banner. The former is the French national hymn; the latter, the American Hymn.

The people are happy. Some (=these) are laughing; others (=those) are talking with gestures.

At the time of the fireworks, the rockets shoot up and burst. One (=this one) is blue; another (=that one) is red.

Here is the "bouquet." It's Uncle Sam!

TREIZIÈME LEÇON

L'ONCLE SAM PROVIDENCE

Au camp, les hommes ont fini de dîner.

Pour ne rien gaspiller — car il faut être économe et les vivres sont rares en temps de guerre — on ramasse les restes de bœuf en conserve pour en faire du hachis pour demain. Quant au pain, on le laisse: il sèche, durcit et moisit.

Un des Oncles s'en est aperçu. Il s'est procuré un sac vide qui a contenu de la belle farine blanche du Kansas.

— Chocolat, voulez-vous m'aider?

— A quoi donc, oncle Smith?

— A ramasser, dans ce sac, ce pain qui serait perdu.

— Certainement, mon Oncle.

. . . Le sac est plus d'à moitié plein.

— Vous m'accompagnez, n'est-ce pas?

— Jusqu'à Berlin s'il le faut, mon Oncle!

L'Oncle charge son sac sur son épaule et les voilà partis . . . Ils arrivent à la sortie du camp. La sentinelle est là, fusil sur l'épaule, baïonnette au canon. On lui fait un salut militaire dans les formes et l'on passe.

Où vont-ils? Voilà. A une centaine de mètres, là-bas sous l'arbre, il y a une bande de petites filles et de petits garçons qui attendent, impatients. Ils attendent leur Providence. La voilà! Ils la reconnaissent:

63

Ils attendent leur Providence.　La voilà!

c'est ce grand soldat avec son sac. C'est déjà la quatrième fois qu'il vient.

Elle ne parle pas encore très bien français cette Providence, mais aujourd'hui quelqu'un est avec elle, un petit Français comme eux.

— Hé! les gosses! on a donc faim, ce soir? dit le neveu.

Leurs mains maigres qui se tendent et leurs joues pâles et creuses semblent répondre: Pour sûr qu'on a faim!

— Tiens, toi la grande, attrape et mange ça.

— Merci. Veux-tu me donner ce morceau en plus pour mon petit frère à la maison?

— Prends.

L'Oncle, lui aussi, est très occupé à faire sa distribution:

— Merci, soldat . . . Tu es bien gentil, soldat . . . Que le bon Dieu te bénisse, soldat. La belle croûte dorée, soldat! La bonne mie tendre et blanche!

Maintenant le soldat met la main dans sa poche, et en tire une poignée de sous:

"Children, as I no longer smoke take that to buy some chocolate."

La main est vide, le sac est vide. Ils repassent devant la sentinelle.

— Halte-là! votre permission de sortie.

— Ma permission? je n'en ai pas.

— Votre nom, régiment et compagnie?

— Smith, W. T., 1er régiment, 1ère compagnie.

— Je ferai mon rapport. Rentrez.

(Tout cela, bien entendu, fut dit en anglais.)

— Bah! dit la «Providence» à Chocolat, nous ver-rons bien. On ne peut pas laisser ces pauvres enfants mourir de faim.

I. CAUSERIE EXPLICATIVE ET GRAMMATICALE

(*a*) **finir de dîner.** En français, le verbe qui suit une préposition se met à la forme infinitive; excepté *en,* qui est toujours suivi du participe présent:

J'ai fini de dîner. (Continuez à toutes les personnes.)
J'ai fini mon travail en dînant. (Continuez.)
ou J'ai fini mon travail pendant que je dînais. (Continuez.)

(*b*) **Pour ne rien gaspiller.** Remarquez que les deux parties de la négation précèdent un infinitif.

(*c*) **demain,** "to-morrow"; **le lendemain,** "the next day."

(*d*) **apercevoir,** "to see"; **s'apercevoir de** (ou **que**+*a clause*), "to notice," est une forme pronominale:

J'aperçois un homme, là-bas. (Continuez.)
Je m'aperçois de cela, je m'en aperçois. (Continuez.)
Je m'aperçois que vous ne comprenez pas. (Continuez.)
Tous les verbes en *–cevoir* se conjuguent comme *recevoir.* Voyez liste I.

(*e*) **gosse, marmot, moutard** sont des termes familiers pour désigner les enfants.

(*f*) **leurs mains qui se tendent.** C'est encore une forme pronominale active pour la forme passive *qui sont tendues.*

(*g*) **ce morceau en plus,** "this one piece more."

(*h*) **Que le bon Dieu te (vous) bénisse,** "(May) God bless you." C'est une forme subjonctive pour exprimer un souhait ("a wish.").

Verbes à pratiquer: **finir** de dîner; **manger** un morceau de pain. (Voyez Appendice 5, *c*.)

II. POUR APPRENDRE À PARLER

Imparfait ou passé descriptif.

(*a*) Dans le deuxième paragraphe du texte de cette leçon, prenez les verbes: falloir, être, ramasser, laisser, sécher, durcir, moisir, et donnez-en le participe présent, puis formez-en l'imparfait et lisez ce paragraphe à l'imparfait. (Voyez listes I et II.)

(*b*) Répondez avec un pronom objet:

1. Apercevez-vous *les enfants*, là-bas sous cet arbre?

2. Ce pain moisissait; l'un des Oncles s'en est aperçu, n'est-ce pas?

3. La sentinelle s'aperçoit-elle *que ce soldat est sorti sans permission?*

(*c*) Continuez à toutes les personnes:

J'ai une permission, j'en ai une. (J'en ai deux, etc.)
Je n'en ai pas ("none, not any").

Conversation. — Répondez au même temps que la question et avec un pronom objet pour les mots en italique:

(Quand les Américains étaient à Saint-Malo):

1. A quelle heure finissaient-ils de dîner?
2. Pour ne rien gaspiller que faisaient-ils?
3. Un soir, l'un des Oncles s'est-il aperçu *de cela?*

4. A partir de ce moment que faisait-il tous les autres soirs?

5. Où allait-il?

6. Est-ce que Chocolat accompagnait souvent *cet Oncle?*

7. Que faisaient ces pauvres enfants sous l'arbre?

8. A cette époque-là, est-ce que leur «Providence» parlait français?

9. Hier leur a-t-elle parlé français?

10. Comment était la croûte de ce pain? Et la mie?

11. Est-ce que ce soldat fumait encore à cette époque-là?

12. La quatrième fois qu'il est allé faire sa distribution, avait-il la permission de sortir du camp?

Construction spontanée. — Dites III spontanément.

III. POUR APPRENDRE À ÉCRIRE

This is what one of the Uncles used to do when he was at Saint-Malo.

Every evening he would (=used to) take an empty bag, would pick up the bread and put it in this bag.

Afterwards he would load it on his shoulder and would go to distribute the pieces of bread to the poor children who were hungry and who were waiting for him under a tree at the entrance to (of) the camp.

Chocolat used to help him and would often accompany him.

One evening, when they were passing again by (*devant*) the sentry, the latter said to them: "Halt!"

As "Providence" had no pass, the sentry asked him (for) his name, then said to him: "I shall make my report. Go back into the camp, go back there."

QUATORZIÈME LEÇON

L'ONCLE SAM CONSIGNÉ

(Le lendemain, 8 heures du matin.)

Ta ra ta ta ta, ta ta ta. Ta ra ta ta. Ta ra ta ta!

C'est la sonnerie de clairon pour le rapport et l'ordre du jour. Les hommes sont rassemblés par compagnies.

— Smith, W. T., appelle le Capitaine White.

— Présent, mon Capitaine.

— Sortez des rangs.

La «Providence» fait quatre pas en avant, s'arrête. Salut militaire et, fixe, elle attend.

— Smith, reconnaissez-vous être sorti du camp sans laissez-passer, hier soir?

— Oui, mon Capitaine.

— Vous portiez un sac?

— Oui, mon Capitaine.

— Qu'y avait-il dedans?

— Des restes de pain, mon Capitaine.   .

— Qu'en avez-vous fait?

— Je les ai distribués, à la sortie du camp, aux enfants pauvres de la ville.

— Êtes-vous rentré au camp tout de suite après?

— Oui, mon Capitaine.

. . . Le Capitaine, perplexe, se gratte l'oreille, fait quelques pas de long en large, s'arrête et d'une voix sèche et brève qui veut paraître rude:

— Smith, deux jours de consigne.

La «Discipline» de l'oncle Sam est satisfaite, elle n'a plus rien à dire maintenant . . .

(Le même jour, 6 heures):

Les permissionnáires sont sortis, Smith est là-bas, seul sous sa tente, retenu par la «Discipline.» Il ne raisonne pas; il obéit aveuglément, il obéit en bon soldat, il est puni.

«Je viens de là-bas. J'ai vu vos enfants.»

Voilà un Capitaine qui approche. C'est le sien.

— Smith?

— Présent, mon Capitaine.

— Je viens de là-bas. J'ai vu vos enfants. Ils sont inquiets, ils demandent si vous êtes malade. Ils attendent leur «Providence.» Ils ont faim. En rentrant, j'ai exposé votre cas au Commandant. Demain au rapport, on lira un ordre du jour nommant un homme par compagnie pour ramasser et distribuer aux enfants pauvres le pain laissé par les hommes . . . Fumez-vous, mon ami?

— Quelquefois, mon Capitaine.

— Tenez, ça vous fera passer le temps ce soir.

— Merci, mon Capitaine.

... La «Discipline» et le cœur de l'oncle Sam sont d'accord maintenant. Demain, à pareille heure, les petits pauvres sous l'arbre reverront leur «Providence.»

I. CAUSERIE EXPLICATIVE ET GRAMMATICALE

(a) ..., **appelle le Capitaine.** Remarquez l'inversion du sujet, obligatoire en français, dans ces cas où l'on rapporte les paroles de quelqu'un.

(b) **un laissez-passer.** C'est un nom composé formé des verbes *laisser* et *passer*, "a pass," en anglais.

(c) **Oui, mon Capitaine. Oui, Capitaine.** Un subordonné en service emploie le possessif *mon;* dans les autres circonstances, on le supprime.

(d) **il se gratte l'oreille.** Remarquez cette construction pronominale, avec l'article au lieu de l'adjectif possessif devant un nom désignant une partie du corps, quand il n'y a pas d'équivoque possible.

(e) **faire quelques pas de long en large,** "to walk up and down." (Voyez aussi leçon 7, I *a*.)

(f) **il obéit en bon soldat,** ou *comme un bon soldat.*

(g) **Voilà un capitaine.** C'est **le mien,** c'est **le tien,** etc. Répétez cela en remplaçant *capitaine* par un nom féminin.

(h) **Ça vous fera** (ou *aidera à*) **passer le temps.**

Verbes à pratiquer: **faire** quatre pas en avant; **s'arrêter** devant la maison.

II. POUR APPRENDRE À PARLER

Futur et conditionnel.

(*a*) Écrivez et prononcez le futur et le conditionnel des verbes réguliers: porter, obéir, vendre (voyez Appendice 6, *a*).

puis des verbes irréguliers: faire, pouvoir, venir (liste I).

(*b*) *The "if" clause.* — Remplacez l'infinitif en italique par le temps qui convient:

1. Si j'ai du pain, j'en *distribuer* aux pauvres.
       Si j'avais . . .,
2. Si je sors du camp, je *être* puni.
       Si je sortais du camp . . .,
3. S'il est bon soldat, il *obéir* en bon soldat.
       S'il était . . .,
4. S'il fume, il lui *donner* du tabac.
       S'il fumait . . .,

Maintenant répétez chacune de ces phrases dans l'ordre inverse:

Je distribuerai du pain aux pauvres si j'en ai, etc.

Conversation. — Répondez:

1. Qu'est-ce qui annonce le rapport et l'ordre du jour?
2. Qui est-ce que le Capitaine appelle?
3. Qu'est-ce que fait alors le soldat appelé?
4. Qu'est-ce que le Capitaine lui dit?
5. Faites l'interrogatoire du Capitaine. (*Dialogue entre deux élèves.*)
6. Que fait le Capitaine après cet interrogatoire et que dit-il?
7. Ce même jour à six heures, où est Smith et que fait-il?
8. Quel est ce Capitaine qui approche alors?

9. Rapportez leur conversation. (*Deux élèves pour ce dialogue.*)

10. Quel est le résultat de cette conversation?

NOTE. — Dans ces questions 8 et 10, *quel*, devant le verbe *être*, est adjectif interrogatif: Quel (*capitaine*) est ce Capitaine? etc. — le nom après *quel* étant sous-entendu.

Construction spontanée. — Dites III spontanément.

III. POUR APPRENDRE À ÉCRIRE

Here is a brief note written by one of the poor little children to uncle Providence and handed to Chocolat:

"Dear Soldier,

Yesterday we waited (for) you as usual but you did not come.

We are worried. Can you be (conditional of *être*) sick? Chocolat does not know.

Perhaps you left (*le*) camp without (a) pass? If you are sick, we shall tell a doctor to go (and) see you.

If you are punished, we shall go (and) find your Captain and speak to him.

If he should not want to listen to us, we should go to the Major.

If you come to-night we shall be very glad. We are still hungry.

If you do not know French enough, Chocolat will read you this letter.

There are lots of "ifs"![1]

Thank you so much and (keep up) good courage, dear American Soldier.

Your little comrades of Saint-Malo."

[1] Invariable words are not pluralized in French: *des si*, *des oui*, etc.

QUINZIÈME LEÇON

L'ONCLE SAM ÉCRIT EN FRANÇAIS

L'oncle Sam vient de finir sa journée. Comme demain on fera la levée du courrier d'Amérique, il s'assoit par terre devant sa tente, une planche sur ses genoux avec une feuille de papier à lettre et une enveloppe.

Justement, voilà Chocolat qui passe.

— Hé! Professeur! j'ai besoin de vous.

— Voilà, mon Oncle. Qu'est-ce qu'il y a pour votre service?

— Je voudrais écrire chez moi, en français et sans faute, bien entendu. C'est à une de mes amies qui a appris le français au collège. Vous allez m'aider, n'est-ce pas?

— A votre disposition, mon Oncle.

Et, gravement, le «Professeur» s'assoit à côté de son élève.

Il demande beaucoup d'explications, l'élève: «Comment dit-on en français 'somewhere in France'? Comment dit-on pour ceci? Comment écrit-on ce mot-là? Comment finit-on une lettre à une demoiselle? une demoiselle de ses amies?»

Le «Professeur» répond à tout sans hésitation. Il sait tout, ce professeur!

La lettre est finie; l'Oncle la relit tout haut:

«Quelque part en France, 25 juillet 1917.

Ma chère Jane,

Je suis en train de vous écrire un mot en français, juste pour tenir ma promesse.   Vous serez indulgente j'espère.

Nous avons fait une bonne traversée.   Ne soyez pas inquiète.   Ma santé est excellente et tout va pour le mieux. Nous travaillons dur.   Je suis brûlé du soleil: la figure et les bras couleur "ginger cookies"!

C'est la couleur à la mode pour les soldats, paraît-il.

Il sait tout, ce professeur!

Nous sommes tous joyeux et les Français sont heureux de nous voir. La France est un beau pays, mais elle a beaucoup souffert de la guerre. Croiriez-vous, qu'ici, il n'y a pas de "drug-stores"; il n'y a que des pharmacies sans "ice-cream," ni sodas ni tabac, ma chère Jane!

Pour le moment, nous faisons des exercices de mitrailleuse et de tranchée.

Je vous envoie un petit souvenir acheté en ville: une broche Jeanne d'Arc. Vous penserez à moi en la portant, n'est-ce pas? Moi, j'ai votre chère photo dans mon portefeuille, elle ne me quitte pas.

Rappelez-moi au bon souvenir de tous nos amis. Courage, chère Jane, à bientôt — après la Victoire — et de tout cœur en pensant bien à vous.

Voici mon adresse:

>Private W. J. Michell
>A. P. O. No. 4
>France. »

Il plie sa lettre, la met dans l'enveloppe et écrit l'adresse.

— Mon oncle Sam, dit alors malicieusement Chocolat, je voudrais bien voir ce portrait de Mlle Jeanne qui ne vous quitte pas.

— Le voilà, mon garçon. Comment la trouvez-vous?

— Mâtin! qu'elle est jolie, mademoiselle Jeanne!

— Merci, mon garçon, je le lui dirai dans ma prochaine lettre.

I. CAUSERIE EXPLICATIVE ET GRAMMATICALE

(a) Les formes qui suivent sont très employées:

1. *Forme progressive familière:* —

être en train de+un infinitif, "to be in the act of (*or* busy)" +présent participle:

> Je suis (j'étais, je serai) en train de finir ma lettre.
> "I am (I was, I shall be) finishing my letter."

2. *Passé récent:* —

venir de+un infinitif, "to have just"+past participle:

> Je viens (je venais) de finir ma lettre.
> "I have (I had) just finished my letter."

3. *Futur prochain:* —

aller+un infinitif,—"to be about (going) to"+an infinitive:

> Je vais relire ma lettre.   Je vais la relire.

(b) **faire la levée du courrier**, "to collect the mail."   Le substantif *levée* vient du verbe *lever*.

(c) **une de mes (tes, ses, nos, vos, leurs) amies**.   On dit en anglais: "a friend of mine," etc.

(d) **A bientôt**, "I shall see you soon."

(e) **Quelque part** est l'opposé de **nulle part**.

Verbes à pratiquer: **écrire** en français; **s'asseoir** par terre (liste I).

II. POUR APPRENDRE À PARLER

(a) 1. Faites quelque chose — écrivez par exemple — et demandez-nous: Qu'est-ce que je suis en train de faire? —(*Un élève l'indiquera.*)—De même pour deux autres actions.

2. Maintenant demandez ce que vous venez de faire.

3. Exprimez que vous allez faire ces trois actions.

(b) Montrez un livre ou autre chose et dites: C'est un de mes livres. (*Continuez aux autres personnes.*)

Maintenant transformez cela en questions et répondez à la forme négative.

Conversation. — Répondez en employant un pronom objet pour les mots en italique:

1. L'oncle Sam vient-il de finir *sa journée?* (Objet de *finir.*)

2. Demain qu'est-ce qu'on va faire *du courrier d'Amérique?*

3. Qui est-ce qui est en train de passer au moment où l'Oncle va commencer sa lettre? — C'est . . .

4. Comment demande-t-il *à Chocolat* de l'aider?

5. Pour qui, cette lettre?

6. Quelles explications Chocolat lui donne-t-il?

7. A la première ligne que dit-il *à Mlle Jeanne?*

8. Plus loin, que dit-il de sa figure? De la France? Des pharmacies?

9. Qu'envoie-t-il *à son amie?*

10. Exprimez d'une manière exclamative que Mlle Jeanne est jolie.

11. Quand est-ce que l'oncle Sam le dira *à Mlle Jeanne?*

Construction spontanée. — Dites III spontanément.

III. POUR APRENDRE À ÉCRIRE

Here is Miss Jane's reply:

"New York, July 24, 1917.

Dear Wilson,

I have just received your nice French letter. Congratulations, it is faultless.

Many thanks for the pretty brooch. I am going probably to receive it this week.

I am busy knitting (*tricoter*) with a friend of mine six pairs of socks (*chaussettes*) for you, for this winter. You see that we are thinking of (*à*) you.

As to-morrow morning they are going to collect the mail for France, I'm writing this little note just to thank you. I shall write you a long letter when I (shall) have received the brooch.

Thanks and good courage, my dear.

Jane."

SEIZIÈME LEÇON

L'ONCLE SAM EST INVITÉ

Chocolat revient de la ville, il est pressé. Il a une lettre à la main. Vite il court à l'Oncle qui, l'autre jour au marché, a rempli de provisions le panier de cette pauvre femme.

— C'est pour vous, mon Oncle, lisez.

Et voici ce que l'Oncle lit:

«Cher Soldat,

Voudriez-vous nous faire le plaisir, à mes enfants et à moi, de venir dimanche prochain, vers 5 heures, pour une petite visite. Le porteur vous montrera le chemin de la maison.

> Yvonne Kerlec
> 15, Rue Surcouf.»

— Qu'en pensez-vous, Chocolat?

— Acceptez, ça lui fera plaisir à cette bonne femme.

— Entendu alors. A dimanche donc, neveu.

... Le dimanche suivant, les gens de la rue Surcouf, — une petite rue près du port et pleine de marmots nu-pieds, — regardaient passer un grand soldat d'Amérique accompagné d'un petit garçon qu'ils n'avaient jamais vu.

«Voilà le numéro 15. C'est ici, mon Oncle.»

C'était une toute petite maison d'ouvriers, à deux étages. Le toit n'avait plus l'air bien solide; les murs,

blancs autrefois, étaient couverts, en partie, d'une
plante grimpante bien verte; les contrevents, verts
aussi, encadraient des pots de géraniums d'un rouge vif.

Au seuil de la porte, quatre marmots se pendent aux
bras du soldat:

— C'est lui, Maman, le voilà!

La maman accourt de sa cuisine, jette son tablier
bleu sur une chaise, rabat ses manches retroussées.

— C'est gentil d'être venu, soldat. Entrez donc!

— Vous êtes bien bonne, Madame.

— C'est vous qui êtes bon, soldat. Ce n'est pas
riche chez moi, mais c'est propre. Asseyez-vous donc,
soldat.

Les voilà dans la salle à manger qui sert aussi de
salon. La table est vieille et boiteuse, mais il y a
dessus une belle nappe blanche. Les chaises sont dé-
paillées, mais on peut tout de même s'y asseoir. Le
buffet de chêne n'a plus de poignées aux tiroirs, mais
sur l'étagère de dessus on voit de belles assiettes à
dessins bleus. Le papier des murs est bien fané, avec
des égratignures çà et là, mais on y voit, fixées par des
clous, de belles images: Poincaré, un poilu dans sa
tranchée, un bateau de pêche qui sombre dans la tempête — celle qui a pris son «homme,» là-bas près de
Terre-Neuve. Ça, c'est le portrait de son aîné, à bord
d'un sous-marin.

Et voici la surprise: la bonne femme s'excuse, court
à la cuisine, en revient avec une énorme tarte aux
pommes encore tiède, met des assiettes, puis des verres
qu'elle remplit de cidre breton.

«A votre santé, Soldat!　Buvez et mangez, Soldat.»

Le soldat obéit.　Il n'a pas mangé de tarte depuis qu'il a quitté sa ferme, si loin, là-bas au Kentucky.

"Very good, Madame; very good, indeed!"

"Very good, Madame; very good, indeed!"

La bonne femme est heureuse, les enfants aussi; le soldat rit et Chocolat est l'interprète de toute cette joie.

La tarte l'inspire.　Ses souvenirs littéraires de petit écolier lui reviennent; il se lève, il a trouvé son speech de circonstance.　Le voici: (*Voir la leçon suivante*).

I. CAUSERIE EXPLICATIVE ET GRAMMATICALE

(a) Remarquez le sens de la préposition:

une lettre à la main, "in (*not* inside) his hand"
il a des sous dans la main, "in (inside) his hand"
une maison à deux étages, "(characteristic=of, with) a two-story house"

(b) **ce qui,** "what (=that which)," comme sujet: Ce qui est sur la table; **ce que,** "what (=that which)," comme objet direct: Ce que vous dites; **ce dont, ce à quoi,** "of what," comme objet d'une préposition, objet indirect: Ce dont je parle.   Ce à quoi je pense.

(c) Remarquez la différence de sens entre:

penser à: Je pense à cela, j'y pense, "I think of that."
penser de: Que pensez-vous de cela? qu'en pensez-vous?
   "What is your opinion about that? what do you think of that?"

(d) **avoir l'air,** "to seem or look": Le toit a l'air solide.

(e) **C'est lui (moi, toi, nous, vous, eux).**

(f) **servir de.**   La salle à manger sert aussi de salon, "the dining-room is used also as a drawing-room."

(g) "Very good indeed."   *Très bonnes certes* (ou *assurément*).

Verbes à pratiquer: **revenir** de la ville (voyez *venir,* liste I); **lire** une lettre (liste II).

II. POUR APPRENDRE À PARLER

Conversation. — Remplacez le tiret par une des formes en I (*b*), ci-dessus, et répondez:

1. Voyez-vous — Chocolat a à la main?
2. Dites-moi — dit cette lettre.
3. Demandez à Chocolat — il pense de cette invitation.
4. Dites-moi — couvre la vieille table boiteuse.
5. Dites-moi — est sur l'étagère du buffet.
6. Dites — on voit sur les murs de la salle à manger.
7. De quoi sert aussi cette salle à manger?
8. Près de quoi est la rue Surcouf?
9. Faites la description de la maison numéro 15.
10. Que font et que disent les quatre marmots lorsque le soldat entre?
11. Et leur maman?
12. Que rapporte-t-elle de la cuisine? Que fait-elle et que dit-elle alors?
13. Et le soldat?

Construction spontanée. — Dites III spontanément.

III. POUR APPRENDRE À ÉCRIRE

Chocolat is in a hurry, he has a letter in his hand. He gives it to his Uncle. The latter reads it to him and says: "What do you think of it, Chocolat?"

He replies: "Accept, (*mon*) Uncle, that will please (*faire plaisir à*) her."

The next Sunday, about five o'clock, they arrive at (*au*) No. 15, Surcouf Street. It is a little two-story house. It doesn't look very solid.

They enter (*dans*) the dining-room which serves also as

(*de*) drawing-room. It isn't luxurious (*riche* or *luxueux*) in this poor woman's home, but it is clean.

She runs in from her kitchen, pulling down her sleeves (which are) rolled up. She goes back there and brings back from it an enormous apple-pie still warm.

She sets down glasses, fills them with good Breton cider and says: "To your health, Soldier! Eat and drink."

The soldier does what she tells him. He is happy, Chocolat and the children are happy too.

DIX–SEPTIÈME LEÇON

LE BON GÎTE

I

«Bonne vieille, que fais-tu là?
Il fait assez chaud sans cela;
Tu peux laisser tomber la flamme.
Ménage ton bois, pauvre femme;
Je suis séché, je n'ai pas froid.»
— Mais elle, qui ne veut m'entendre,
Jette un fagot, range la cendre:
«Chauffe-toi, soldat, chauffe-toi.»

II

«Bonne vieille, je n'ai pas faim,
Garde ton jambon et ton vin;
J'ai mangé la soupe à l'étape.
Veux-tu bien m'ôter cette nappe!
C'est trop bon et trop beau pour moi.»
— Mais elle, qui n'en veut rien faire,
Taille son pain, remplit mon verre:
«Refais-toi, soldat, refais-toi.»

III

«Bonne vieille, pour qui ces draps?
Par ma foi, tu n'y penses pas!
Et ton étable? et cette paille
Où l'on fait son lit à sa taille?

86

Je dormirai là comme un roi.»
— Mais elle, qui n'en veut démordre,
Place les draps, met tout en ordre:
«Couche-toi, soldat, couche-toi.»

«Bonne vieille, que fais-tu là?»

IV

Le jour vient, le départ aussi.
«Allons! adieu . . . Mais qu'est ceci?
Mon sac est plus lourd que la veille . . .
Ah! bonne hôtesse! ah! chère vieille,
Pourquoi tant me gâter? Pourquoi?»
— Et la bonne vieille de dire,
Moitié larmes, moitié sourire:
«J'ai mon gars soldat comme toi!»

PAUL DÉROULÈDE (1846–1914)
Les Chants du Soldat. —Éditeur: Calmann-Lévy.

I. CAUSERIE EXPLICATIVE ET GRAMMATICALE

(*a*) **Tu peux laisser tomber la flamme.** C'est une forme poétique pour: Vous pouvez laisser éteindre le feu.

(*b*) **Ménage.** C'est l'impératif du verbe *ménager*, "to save."

(*c*) **Mais elle qui ne veut (pas) m'entendre.** *M'entendre* pour *m'obéir ou m'écouter.* Avec les verbes: pouvoir, savoir, vouloir, cesser, oser, on peut omettre *pas.*

(*d*) **Veux-tu bien (m')ôter cette nappe,** "please take off this table cloth." Ce *me* est ici un pronom purement emphatique, ne le traduisez pas. De même dans: Montez(-moi) ma malle, punissez-le(-moi), et beaucoup d'autres cas semblables.

(*e*) **Refais-toi,** "have something to eat (refresh yourself)." Impératif de la forme réfléchie *se refaire.*

(*f*) **(par) ma foi.** Vous diriez: "upon my word."

(*g*) **à sa taille,** "according to one's height *or* size."

(*h*) **ne vouloir pas démordre de quelque chose,** "not to be willing to change one's mind about something, to give in."

(*i*) **Et la bonne vieille de dire.** Forme elliptique pour . . . (*s'empresse*) *de dire.*

(*j*) **Moitié larmes et moitié sourire,** "half in tears and half smiling."

Verbes à pratiquer: **avoir** froid; **se chauffer** près du feu.

II ET III. POUR APPRENDRE À PARLER ET À ÉCRIRE

Conversation et Composition: —

(*a*) Racontez ce texte en prose en employant la seconde personne du pluriel et en remplaçant l'expression poétique du texte par celle en I (*a*), ci-dessus.

(*b*) Dramatisez cette petite scène, un élève prenant le rôle du soldat, un autre celui de la bonne vieille.

DIX–HUITIÈME LEÇON

L'ONCLE SAM À L'ÉCOLE

«Les petits élèves de ma classe seraient bien contents que vous nous fassiez une visite, Capitaine White.»

C'est l'instituteur d'une des écoles primaires de la ville qui parle ainsi. Depuis un mois, il est l'adjoint de Chocolat pour les leçons de français à la 1ère Compagnie. Elles devenaient difficiles pour le neveu, ces leçons.

L'Oncle capitaine a accepté l'invitation. Il est deux heures, on l'attend.

L'instituteur a mis son uniforme de soldat français avec sa croix de guerre sur sa poitrine. Il est borgne maintenant: il a perdu l'œil droit à la bataille de la Marne . . .

«C'est lui, le voilà!» Et l'instituteur va à la rencontre du Capitaine:

«Soyez le bienvenu, Capitaine.»

Tous les élèves sont debout, applaudissant, criant:

«Vive le Capitaine!»

Elle n'est pas très luxueuse leur classe. Six grosses tables de chêne, vieilles de dix ans, avec des trous pour les encriers de plomb; deux tableaux noirs sur leur chevalet; le bureau du maître, encombré de livres et de cahiers; aux murs, une carte de France et une du front avec de grosses lignes rouges; une aussi des États-Unis avec de petits drapeaux piqués, çà et là, sur certaines villes et à côté, dans un cadre doré, une liste de noms sous un gros titre en ronde:

«Orphelins de la guerre. Ville de Saint-Malo.

Bertrand, Jean-Louis. Adopté par Mme B. S. White de Boston.

Corbin, Robert-Pierre. Adopté par les Élèves de l'École Supérieure de Dayton, Ohio.»

Et beaucoup d'autre noms suivent.

«Nous remettions au net la composition française d'hier, Capitaine. Dulac, lisez la vôtre à Monsieur le Capitaine.»

Il est tout petit, l'élève Dulac, mais il sait lire, écrire aussi — avec quelques belles fautes d'orthographe, bien entendu; mais l'orthographe n'a rien à voir avec la spontanéité, la sincérité naïve de ses huit ans et de son petit cœur de français, un cœur que le bon oncle Sam comprend si bien. Il lit donc:

«La première leçon de français en Alsace.»[1]
(C'est le titre.)

L'instituteur était un soldat. Le soldat faisait l'école aux petits Alsaciens. Il leur apprenait la première leçon de français. Il y avais des vieux derrière la porte pour écouter ce que nous disait notre mètre. Il nous disait:

Enten des vous ces féroces soldats?
Il vienne, jusque dans nos bras,
Ecorché nos fils et nos compagnes,
Ecorché les mères et les enfants.

[1] Composition originale de Raymonde Rodron, 8 ans, de Paris.

"Shake hands with me, my little boy!"

Vous ne savez pas ce qui zont fait, les petits enfants,
quand il ont entendu la Marseillaise: il se sont mi à jenou
et les vieux sont rentré et ont écouté à jenou la première
leçon de français au petits Alsaciens.»

L'oncle Sam, un peu ému, applaudit de toutes ses
forces.

«Voici mon premier en écriture, Capitaine. Cartier,
montrez votre dernière page d'écriture à Monsieur le
Capitaine.»

L'oncle Sam prend le cahier et lit, écrit en belle
anglaise:

«L'Amérique est le pays de l'oncle Sam. C'est un
beau pays, beau comme la France. Nous devons aimer
les Américains parce qu'ils sont bons, généreux et
braves; parce qu'ils aiment la France et défendent avec
nous le droit, la justice et la liberté.»

"Shake hands with me, my little boy," dit le
Capitaine.

Et la main du "little boy" disparaît dans la grande
main de l'oncle Sam.

I. CAUSERIE EXPLICATIVE ET GRAMMATICALE

(a) Remarquez ces formes subjonctives, justifiez-les:

Mes élèves seraient contents que vous leur fassiez une
  visite.
Soyez le bienvenu. Vive le Capitaine!

Ces deux dernières formes expriment un souhait.

(b) **faire une visite.** On dit en anglais "to pay a visit."
un titre en (écriture) ronde; en anglaise, "in round-hand
writing; in ordinary handwriting."

(c) **remettre** (ou **copier) au net,** "to make a fair copy of."

(d) **bien entendu** signifie "of course."

(e) **l'orthographe n'a rien à voir** (ou **à faire) avec . . .,**
"to do with."

(f) Corrigez les fautes de la composition de cette petite
élève. *Entendez-vous, égorger* sont des paroles ("words")
de la Marseillaise.

(g) "Shake hands with me"=Donnez-moi une poignée
de main.

Verbes à pratiquer: **faire** une visite (liste I); **mettre** un
uniforme de soldat (liste II).

II. POUR APPRENDRE À PARLER

Emploi du subjonctif.

(a) Remplacez l'infinitif en parenthèse par le subjonctif;
répondez et justifiez l'emploi du temps:

1. Ces élèves seraient-ils contents que le Capitaine leur
(faire) une visite?
2. Voulez-vous que nous leur en (faire) une?
3. Croyez-vous que leur classe (être) très luxueuse?
    (*Réponse affirmative, puis négative.*)
4. Faut-il que nous (remettre) au net notre composition?
5. Désirez-vous que Dulac vous (lire) la sienne?

Conversation. — Répondez ou faites ce qui est dit:

1. De quoi ces élèves seraient-ils contents?
2. Depuis un mois, qu'est-il cet instituteur?
3. Est-ce que les élèves attendaient le Capitaine?

4. Quelle heure était-il quand il est arrivé?

5. Parlez de l'instituteur: Comment était-il habillé? A-t-il encore ses deux yeux?

6. Le Capitaine entre; souhaitez-lui la bienvenue.

7. Parlez de leur classe et de ce qu'on y voit.

8. Dites ce que les élèves étaient en train de faire quand le Capitaine est entré.

9. Parlez de l'élève Dulac.

10. Corrigez les fautes de sa composition.

11. En quel genre d'écriture est le titre de la liste des orphelins? Et la page d'écriture de l'élève Cartier?

Construction spontanée. — Dites III spontanément.

III. POUR APPRENDRE À ÉCRIRE

— My little friends, would you be glad if (use *que*) the American Captain paid us a visit?

— Oh! yes, Sir, we would be delighted (*enchantés*) if (*que*) he paid us a visit.

— I have invited him. He has promised me to (*de*) come at 2 o'clock. I'm waiting (for) him. When he enters (future) (*dans*) the class-room, you will stand up, you will applaud and you will cry out: "Hurrah for the Captain! Be welcome, Captain!"

Now, while (*en*) waiting (for) him to come (use *que*+ subjunctive) I want you to make a fair copy of your last French composition. I want it to be faultless, of course.

When you have (future) finished, I want you to do a fine page of writing. You will copy what I am going to write on the blackboard.

Set to work (*se mettre au travail*). First the French composition.

Very well, Sir.

DIX–NEUVIÈME LEÇON

L'ONCLE SAM PART POUR LE FRONT

Grand remue-ménage au quartier. La division a reçu l'ordre de Pershing de lever le camp pour la concentration par corps d'armée. On part. Les trains militaires attendent en gare. Chocolat suit sa compagnie.

On monte dans les wagons, des wagons de marchandises où on lit: «hommes 40, chevaux 8.» Guère confortables! Bah! on arrivera tout de même.

Le train démarre et file. Adieu, Saint-Malo!

On entre en pleine campagne de France. On passe des ponts gardés par des territoriaux, des tunnels, des bois, des prairies. Les jolis petits villages au creux des vallons! Peu d'hommes dans les champs, mais beaucoup de femmes pour rentrer les dernières récoltes.

C'est Rennes, cette grande ville; celle-là, Laval; cette autre, Le Mans. «Un quart d'heure d'arrêt!» Les locomotives prennent de l'eau. Il y a foule à cette gare. Elle acclame les «Sammies»; elle leur passe des fruits, des verres d'eau. C'est peu, on est pauvre, mais c'est de si bon cœur!

Sur l'autre voie, en face, voilà un train de prisonniers qui arrive et stoppe. Chocolat veut les voir de près. Il descend, la discipline n'étant pas très sévère pour lui. Les Oncles et la foule les regardent, curieux, mais avec le respect dû au sort malheureux.

Un officier prisonnier vient d'ouvrir la portière de son confortable compartiment de 1ère classe. «Tiens, gueux, dit-il à Chocolat, attrape cette pièce de 20 francs et va me chercher une bouteille de champagne au buffet de la gare.»

«Tu vois, *gueux*, que ton louis a été bien employé»

La pièce roule à terre.   Le «gueux» la ramasse en disant: «Merci, mon Prince!»   Et il court au buffet.

Le voilà qui revient avec sa bouteille et des verres.

«Tenez, buvez mes Oncles, à votre santé!   C'est le «gueux» Chocolat qui paie.»

Puis, il prie une infirmière de la Croix-Rouge de l'accompagner jusqu'à l'officier insolent et là, sous ses

yeux: «Tenez, Madame, pour vos blessés»; et il lui
remet les 12 francs qui restent. Puis, s'adressant à
l'officier: «Tu vois, *gueux*, que ton louis a été bien
employé.»

Les oncles Sam repartent . . .

Cette immense plaine à perte de vue, c'est la Beauce,
le pays de l'Angelus de Millet et des Glaneuses. Deux
flèches élégantes à l'horizon, dans la flamme crépusculaire, c'est Chartres.[1] On y arrive; on passe.

. . . Il fait nuit, nuit noire. Les Oncles s'étendent,
côte à côte, sur la paille des wagons et s'endorment,
emportés vers le front d'Argonne.

I. CAUSERIE EXPLICATIVE ET
GRAMMATICALE

(*a*) **un remue-ménage**. Ce nom composé est formé du
verbe *remuer*, "to move," et du substantif *ménage*, "house-
hold."

(*b*) **On entre en pleine campagne**, "they enter the open
country."

(*c*) **Il y a (une) foule (de personnes) à cette gare.** On
peut omettre les mots en parenthèses.

(*d*) **Voir de près quelqu'un ou quelque chose**, "to see at
close range someone or something."

(*e*) **dû**. C'est le participe passé masculin singulier du
verbe *devoir*. Voyez liste I.

(*f*) **Tiens, gueux, attrape cette pièce!** *Tiens* (tenez)
vient du verbe *tenir*, "Here, tramp (hobo)!"

[1] Cette ville est célèbre par sa belle cathédrale.

(*g*) **Aller chercher,** "to go and bring, to go for": Allez me chercher une bouteille.

(*h*) Remarquez ces formes réfléchies et rappelez-vous que tous les verbes réfléchis se conjuguent avec *être* aux temps composés:

s'adresser à quelqu'un, "to speak to some one." Je m'a-
   dresse à vous.

s'endormir (comme **dormir**), "to fall asleep." Je me suis
   endormi(e).

(*i*) **à perte de vue,** "as far as the eye can see."

Verbes à pratiquer: **s'endormir** (liste II); **aller** chercher une bouteille (liste I).

II. POUR APPRENDRE À PARLER

Conversation: —

(*a*) Lisez les phrases suivantes, qui sont au présent, puis transformez-les en questions au passé indéfini et répondez en employant un pronom objet pour les mots en italique:

1. Il y a un grand remue-ménage au quartier.
2. On part.
3. Les soldats montent *dans les wagons de marchandises.*
4. Le train démarre et file.
5. Ils entrent *en pleine campagne.*
6. Ils passent *des ponts, des tunnels et des bois.*
7. Les locomotives prennent *de l'eau à cette gare.*
8. La foule acclame *les Yanks* et leur passe *des fruits.*
9. Un train de prisonniers arrive et stoppe *sur la voie en face.*
10. Chocolat descend pour les voir de près.
11. La foule regarde *les prisonniers.*

12. L'un des prisonniers ouvre *la portière de son compartiment*.

13. Chocolat attrape *la pièce de vingt francs*.

14. Il va cherchér une *bouteille de champagne* au buffet.

15. Il revient avec sa bouteille et des verres.

16. Les Américains boivent à la santé de Chocolat.

17. Ils repartent.

18. Les Oncles s'étendent côte à côte et s'endorment.

(*b*) Les phrases suivantes décrivent des états. Transformez-les en questions à l'imparfait et répondez-y:

1. Les trains attendent en gare.

2. Il y a peu d'hommes dans les champs pour rentrer les dernières récoltes.

3. Il y a foule à cette gare.

4. C'est peu, on est pauvre; mais c'est de si bon cœur!

5. Cette immense plaine à perte de vue c'est la Beauce.

6. Il fait nuit, nuit noire.

Construction spontanée. — Sur III ci-dessous.

III. POUR APPRENDRE À ÉCRIRE

Refaites (*a*) et (*b*) ci-dessus sous forme de dialogue et en présentant les faits dans l'ordre du texte.

Le texte est écrit au présent narratif, au lieu du passé narratif (passé défini), pour donner plus de vivacité au récit.

VINGTIÈME LEÇON

RÉMINISCENCE D'ONCLE SAM

Sept heures du matin. Le train marche toujours.
L'un des oncles Sam qui ne pouvait plus dormir vient
de trouver un bon poste d'observation. Il y monte.
Le pays de France, tel un film régulièrement sectionné
par la barre des poteaux télégraphiques, se déroule
interminablement.

Avant la guerre, il était professeur de littérature
française dans une grande université, cet oncle Sam-là.
Il a lu tous les poètes français de Joachim du Bellay à
Rostand; il en sait des passages par cœur. Et, pour
lui seul, inconsciemment, sous la sensation directe du
petit village de France qui passe à ses yeux dans la
fraîcheur matinale, il murmure:

«Bouquet de houx, jardin qui n'est pas cultivé.
Lieu triste quand, la nuit, l'ortie ou l'épervière
Tremblent sur le sentier frayé par la bouvière . . .
Mais ce qu'on voit de là, quand le jour est levé,

C'est le Vallon. C'est le Vallon par un grand V,
Qui n'est pas en Tyrol, qui n'est pas en Bavière,
Qu'on ne trouve qu'en France avec cette rivière
Et ce je ne sais quoi de noble et d'achevé.

Calme horizon, bornant les vœux, mais pas le songe!
Fins peupliers. Belle colline qui s'allonge
Comme une bête ayant un village au garrot.

Le ciel est de chez nous.   Et lorsque illuminée,
Fumera dans un coin quelque humble cheminée,
On croira voir fumer la pipe de Corot.»

EDMOND ROSTAND (1868–1918)

Chantecler, Acte II. — Éditeur, Charpentier.

Bientôt, dans la tranchée qui l'attend, il saura la
défendre, il saura la reprendre en soldat et en poète,

Et, pour lui seul, il murmure . . .

cette douce terre de France qu'il a appris à aimer dans les livres, sous le ciel bleu et tout pareil de la belle Amérique.

I. CAUSERIE EXPLICATIVE ET GRAMMATICALE

(a) **Le train marche** (ou **va, court**) **toujours,** "the train is still going." De: marcher, aller, courir.

(b) **ne**+(verbe)+**plus, ne**+(verbe)+**que, ne**+(verbe)+**jamais.** Quel est le sens de ces mots?

(c) **Joachim du Bellay** (1525–1560). C'est un poète français. Loin de son pays, il a chanté, d'une manière simple et touchante, la douceur et le souvenir du petit village natal:

> «. . . Quand reverrai-je, hélas! de mon petit village,
> Fumer la cheminée? et en quelle saison
> Reverrai-je le clos de ma pauvre maison
> Qui m'est une province et beaucoup davantage?»
>
> (*Regrets,* XXXI)

(d) **inconsciemment.** Cet adverbe est formé de l'adjectif *inconscient.* Comment? Formez les adverbes correspondant à: grand, joli, régulier, interminable, élégant.

(e) **sous la sensation directe du petit village,** . . . "under the direct impression of . . ."

(f) **qui passe à ses yeux,** *à* pour *devant.*

(g) **Bouquet de houx,** "thicket of holly."

Bouquet ("bouquet") et *bosquet* ("little wood") sont des mots de la même famille. *Bouquet de houx* signifie petit bois de houx qui forme une sorte de bouquet.

(h) **le sentier frayé par la bouvière,** "the path broken

by the cowherd (*fem.*)"; *frayé* du verbe *frayer*, "to break (the path)":

Il est tombé de la neige cette nuit; personne n'a encore passé et le chemin n'est pas frayé.

(*i*) (**écrit**) **par** (ou **avec**) **un grand V.** Cela veut dire (vouloir dire="to mean") écrit avec un V majuscule, car c'est vraiment le vallon type, la personnification du Vallon.

(*j*) **ce je ne sais quoi de noble et d'achevé,** "this noble and perfect something (indefinite thing)."

(*k*) **s'allonge.** De la forme réfléchie *s'allonger*, "to stretch out."

(*l*) **le garrot.** C'est la partie du corps d'un animal située au-dessus des *jambes de devant* ("fore-legs"), près de l'épaule.

(*m*) **Le ciel est de chez nous,** "it is the sky of our (own) country."

(*n*) **Corot, Jean-Baptiste** (1796–1875). C'est un célèbre paysagiste français né à Paris. Ce dernier vers est une allusion à l'un de ses tableaux.

(*o*) **il saura la défendre en soldat . . .** Pour ce *en* nous dirions en anglais "as a . . ."

(*p*) **cette douce terre de France.** *Douce,* c'est le qualificatif donné à leur pays par les anciens poètes français.

Verbes à pratiquer: **pouvoir** dormir (liste I); **savoir** une poésie par cœur (liste I).

II. POUR APPRENDRE À PARLER

(*a*) Faites une phrase avec:

1. Ne (*verbe*) plus, ne (*verbe*) que, ne (*verbe*) personne, ne (*verbe*) jamais, ne (*verbe*) rien.

2. Je ne sais quoi de+*un adjectif:*

Ce village a je ne sais quoi de . . .   Cet homme a . . .

3. Faites une question avec *vouloir dire,* "to mean."

(*b*) 1. Dites-moi ce que c'est que Joachim du Bellay. Et Corot? Un poète ou un peintre français? En quelle année est-il né? En quelle année est-il mort?

2. Dites-moi comment cet oncle Sam professeur va reprendre et défendre la terre de France.

(*c*) Observez ces deux formes possibles:

Il est français   *ou* C'est un Français.
Il est professeur   *ou* C'est un professeur.

Conversation. — Faites les questions pour les réponses suivantes:

(Pour "what?" revoyez leçon 6, II)

1. Il était sept heures du matin.

2. Non, cet Oncle ne pouvait plus dormir.

3. ("What?" objet) Il vient de trouver un bon poste d'observation.

4. Oui, il y est monté.

5. ("What?" sujet.) C'est le pays de France qui passe à ses yeux comme un film.

6. ("What?" objet.) Avant la guerre, il était professeur de littérature française.

7. Oui, il les a tous lus.

8. Oui, il en sait des passages par cœur.

9. ("What?" objet.) Frayer le chemin veut dire: "to break the road."

10. ("What?" objet.) C'est le vallon qu'il voit de là.

11. ("What?" objet.) C'est la partie près de l'épaule du corps d'un animal.

12. ("Where?") C'est dans les livres qu'il a appris à l'aimer.

13. ("What?" objet.) C'est un poète français, Rostand.

14. ("What?" objet.) Corot, c'est un peintre (*ou* il était peintre).

Construction spontanée. — Sur III ci-dessous.

III. POUR APPRENDRE À ÉCRIRE

It was 7 o'clock in the morning. The train was still going. From his observation post, one of the Uncles was looking (at) the French country(side) which was unfolding before his eyes like a film — interminably.

— What was this Uncle Sam before the war?

— He was (a) professor of French literature.

— Did he know by heart passages from the French poets?

— Yes, he knew some by heart.

— Under the direct inspiration of the little villages which were passing before his eyes, what was he saying to himself?

— He was saying to himself a fine sonnet of Rostand.

— What sort of writer is Rostand?

— He is a French poet.

— What was the Uncle discovering in (*trouver à*) these little villages?

— He was discovering (in them) something (*de*) noble and (*de*) perfect.

— During the war he defended them as a soldier and (*en*) poet, didn't he?

— Yes, certainly, for he had learned (how) to love them in books under the blue sky of beautiful America.

VINGT ET UNIÈME LEÇON

L'ONCLE SAM S'AMUSE

Décembre, 16 heures. Il dégèle aujourd'hui. La pluie froide qui persiste transforme la tranchée en flaques boueuses; le pied glisse et s'y enfonce jusqu'à la cheville.

Les Oncles sont là, immobiles, silencieux, crottés, trempés, l'œil aux aguets par les créneaux, fusil en main, prêts à faire feu.

— Vr. vr. vr. . . .

— Gare! une «marmite»!

Ils s'accroupissent dans la boue. Bah! un peu plus, un peu moins, qu'est-ce que ça fait on en sera quitte pour se bien laver après la relève.

La marmite est tombée, a éclaté, éclaboussé. On se relève en riant, on se compte des yeux, on reprend la garde et on attend la suivante.

. . . Un casque allemand émerge là-bas au bout de la tranchée ennemie, disparaît, réapparaît, jette un furtif coup d'œil, se hasarde, se réfugie derrière ce gros chêne à l'entrée du petit bois, y reste un moment et rentre. Qu'y a-t-il? Qu'a-t-il fait? Il faut savoir. Une mine peut-être?

— J'y vais, dit Chocolat.

— Non, proteste l'oncle Fox, tu es bien trop petit, mon ami.

107

Et l'Oncle part . . .

Il revient, riant de toutes ses forces.

«Ce casque a entrepris de nous ravitailler, dit-il, c'est très galant. Attendons l'heure propice, on s'amusera.»

. . . 4 heures du matin. L'oncle Fox repart là-bas vers le gros chêne. C'est H. Hoover qui lui a donné

J'y vais. — Non, tu es bien trop petit.

rendez-vous, dit-il. On le suit des yeux, prêt à le protéger . . .

La nuit est noire, les Allemands n'ont rien vu. Fox est de retour.

«Bonne chance, camarades! voilà de quoi faire fête en rentrant à l'abri.»

Et il jette à terre quatre beaux lapins de garenne pris aux collets tendus par le «ravitailleur.»

«A l'œuvre, maintenant!»

On dépouille les lapins, on remplit les peaux vides de feuilles mortes et de bons journaux pas menteurs qui rapportent tous les derniers événements. Le coup de pouce du modeleur et ça y est: voilà les peaux redevenues de vrais lapins!

. . . Troisième voyage de l'oncle Fox et les lapins, remis aux collets, attendent le braconnier allemand. On sera galant, on le laissera venir et repartir sans faire feu.

. . . 6 heures. Un casque. C'est lui. Vite il détache ses collets; les lapins suivent. Le voilà hors de danger . . .

«Ils ne savent plus rire les gens d'en face,» dit l'oncle Fox lorsque, quelques minutes plus tard, leur fusillade criblait de balles la tranchée américaine. «Mais on va leur répondre!»

Et on leur répond.

I. CAUSERIE EXPLICATIVE ET
GRAMMATICALE

(*a*) **16 heures**=''4 P. M.'' Dans les horaires (''time tables'') de chemins de fer et d'autres administrations on compte les heures de 1 à 24, depuis une quinzaine d'années.

(*b*) **avoir l'œil aux aguets** ou **faire le guet.** C'est ''to be on the watch.''

(*c*) **Gare!** ''Look out!'' **Bah!** ''Pshaw!'' Ce sont des interjections.

(*d*) **une «marmite,»** ''a kettle.'' C'est le nom donné par les poilus aux obus (''shells'') allemands.

(*e*) Remarquez les formes suivantes, réfléchies ou réciproques:

s'accroupir, ''to squat down''; **se hasarder à**, ''to take a
    chance''; **se réfugier**, ''to take refuge''; **s'amuser (à)**,
    ''to have a good time (in)''; **se compter des yeux**,
    ''to look around to see if they are all there.''

Quel auxiliaire aux temps composés pour toutes ces formes?

(*f*) **en** (''of it,'' *de cela*) **être quitte pour**, ''to have only to . . .''

(*g*) **Qu'y a-t-il?** ''What is the matter?'' De la forme impersonnelle *y avoir.*

(*h*) **rire de toutes ses forces**, ''to laugh heartily.''

(*i*) **donner rendez-vous**, ''to make an appointment.''

(*j*) **Voilà de quoi faire fête**, ''there is something to celebrate with.''

(*k*) **Collet. Tendre un collet**, ''to set à snare.'' Ce mot vient de l'ancien français *col* pour *cou* (''neck''). *Tendre* *un collet* c'est le placer pour prendre un animal par le cou.

(*l*) **A l'œuvre!** "Let us start to work!" Se mettre à l'œuvre, "to start to work."

(*m*) **le coup de pouce du modeleur,** "the finishing touch of the (clay) molder."

(*n*) **Ça y est,** ou **c'est fini,** ou **c'est fait,** "that is done."

(*o*) **laisser**+un infinitif, "to let, to allow, to permit (to)." Ils laissent venir le braconnier; ils le laissent venir.

(*p*) **faire feu,** "to fire."

Verbes à pratiquer: **rire** de lui (liste II); **s'amuser** beaucoup.

II. POUR APPRENDRE À PARLER

Conversation. — Faites les questions pour ces réponses:

1· Il était 16 heures, c'est-à-dire 4 heures de l'après-midi.

2. Il dégelait ce jour-là? (Question avec *temps*+*faire.*)

3. Ils étaient immobiles, etc., l'œil aux aguets.

4. ("Who?" 2 formes, leçon 6, II.) C'est l'un des Oncles qui a crié «Gare!»

5. ("What?" objet, 2 formes, leçon 6, II.) C'était une «marmite,» c'est-à-dire un obus.

6. ("What?"+*faire.*) Ils se sont accroupis dans la boue.

7. (*Quelque chose.*) Non, cela ne fait rien; ils en seront quittes pour se bien laver après la relève.

8. ("What?"+*faire.*) Elle est tombée, a éclaté et les a éclaboussés.

9. ("What?"+*faire.*) Après ils se sont relevés en riant, se sont comptés des yeux et ont repris leur garde.

10. ("What?"+*faire*.)　Le casque allemand a jeté un furtif coup d'œil, a disparu, réapparu, s'est hasardé, etc., y est resté un instant et est rentré dans sa tranchée.

11. ("What's the matter?")　Il n'y a rien.

12. (*Comment?*)　Fox est revenu, riant de toutes ses forces.

13. ("Who?"　2 formes.)　C'est Hoover qui lui avait donné rendez-vous, a-t-il dit.

14. ("What?" objet, 2 formes.)　Hoover, c'est le monsieur américain qui était chargé de ravitailler les Alliés pendant la guerre.

15. ("What?" objet, 2 formes.)　En rentrant, Fox a dit: «Voici de quoi faire fête.»

16. ("What?"+*faire*.)　Ils ont dépouillé les lapins, les ont remplis de . . .

17. ("Who?"　2 formes.)　C'est Fox qui a donné le coup de pouce du modeleur.

18. ("Who?"　2 formes.)　C'est encore Fox qui est allé les remettre aux collets.

19. Oui, ils l'ont laissé venir et repartir sans faire feu.

20. Oui, ils ont répondu à la fusillade des Allemands.

21. Oui, ce jour-là, le vaillant oncle Sam s'est bien amusé.

Construction spontanée. — Sur III ci-dessous.

III.　POUR APPRENDRE À ÉCRIRE

It was thawing that December day and the rain was turning the trench into mud-puddles.　One's (*le*) foot sank into it up to the ankle.

The Uncles were motionless, muddy, on the watch.

"Look out!　A shell!"　They crouched down in the

mud. What difference does that make? They will only have to wash themselves.

They got up again, counted one another over, and resumed (*reprendre*) their watch.

A German helmet has just appeared, taken shelter behind a big oak and entered again into his trench. What did he do there?

Uncle Fox leaves and returns laughing very heartily.

. . . 4 o'clock in the morning. Fox sets off again to (keep) his appointment . . . He comes back (from it). "To work!" said he. And he throws down (*à terre*) four wild rabbits caught in the snares set by the German helmet.

They skin them. The empty skins are then filled with Allied newspapers. The finishing touch (of the artist) and all is ready (=*ça y est*).

Fox starts off once more to put the rabbits again in the snares of the German. They will let him come without firing.

. . . 6 o'clock. The fire of the Germans riddles with (*de*) bullets the American trench.

"We are going to answer them!" says Fox.

VINGT–DEUXIÈME LEÇON

UNE SŒUR DES ONCLES SAM

On vient de relever les Oncles. Ils sont dans un bel état au sortir de cet enfer de boue et de mitraille! Ils doivent maintenant rejoindre leur quartier à une lieue de là, par des chemins creux qui zigzaguent.

La pluie a cessé, mais il gèle à pierre fendre. Les branches plient sous le givre, l'herbe craque, les habits détrempés sont maintenant raides comme des bâtons, l'haleine fait des fumées de pipe, des glaçons bouchent le nez.

Une «marmite»! On se couche sur la terre glacée. Debout!. . . Une autre! Même cérémonie pour la recevoir. Et, dans le jour triste d'hiver qui va se lever sur les champs morts, ils ont l'air de pantins exécutant des gymnastiques macabres sous la grande main de la guerre embusquée derrière eux, tout là-bas.

Ils vont, claquant des dents. Si au moins ils avaient quelque chose de chaud à avaler, un abri où se réchauffer!

Il est là «l'abri,» dans ce trou de carrière au détour du sentier, à mi-chemin du cantonnement.

Un grand drapeau bleu y flotte où, en lettres blanches, on lit: «Armée du Salut.»

Une sœur des Oncles y veille; elle sait qu'ils vont passer.

«Par ici, soldats, on vous attend!»

Avant la guerre, elle était, au pays des Oncles, une petite ouvrière pauvre, inconnue et bien sage. Elle a voulu faire quelque chose, elle aussi. Elle s'est enrôlée, a fait son apprentissage de cantinière, puis a passé la mer. Tout près de la ligne de feu, elle a établi sa hutte: le «salut» du soldat épuisé ou mourant . . .

Elle vient de lire sa bible matinale. La voilà sur sa porte, en bonnet de police, en jupe courte, de couleur khaki comme les Oncles.

— Par ici, soldats, on vous attend! Des blessés?

— Non, Lizzie, des écorchés seulement. Tenez, vous nous ferez cuire cela pour cet après-midi, n'est-ce pas?

Et Fox lui remet, enveloppés dans un journal, ses quatre lapins déjà dépouillés.

Les Oncles entrent. Un bon feu réchauffant, une tasse de café ou de thé, une tarte «qui sent le pays,» des pansements, des remèdes et, flottant sur tout cela, le frais sourire de Lizzie.

Maintenant, ils pourront rejoindre leur quartier. Tantôt ils reviendront: il y a ici des bancs, des tables, du papier à lettre, des magazines, des boutons, des aiguilles et du fil, un Victrola. C'est le pays absent et la pensée y vole . . .

Petite «Salutiste» de l'abri, sois bénie pour ta bravoure, pour ton dévouement, pour ton sourire. Tu fus et resteras la fleur des chemins de France, désolés par la Grande Guerre.

I. CAUSERIE EXPLICATIVE ET GRAMMATICALE

(*a*) **aller+inf.; venir de+inf.; avoir l'air.** Voyez leçon 3, I (*b*) et 16, I (*d*).

Dites à la forme interrogative et à toutes les personnes: Je vais me lever. Je viens de me lever. J'ai l'air fatigué.

(*b*) **au sortir de** ou **en sortant de,** "on leaving."

(*c*) **zigzaguant.** Du verbe régulier *zigzaguer.*

(*d*) **Il gèle à pierre fendre.** Cela veut dire, *il gèle très fort,* à *fendre* ("to split") *la pierre.*

(*e*) **Embusqué** veut dire *caché.* Ce mot vient de *bois,* "wood."

(*f*) **claquant des dents,** "chattering of the teeth." Du verbe *claquer.*

(*g*) **quelque chose de+un adjectif.** Dans ces cas d'un pronom indéfini plus un adjectif le *de* est idiomatique et ne se traduit pas en anglais: Je n'ai rien d'intéressant, de bon, etc.

(*h*) **au détour du sentier,** "at the turning of the path."

(*i*) **s'enrôler.** Forme réfléchie, "to enlist."

(*j*) **en bonnet de police, en jupe courte.** Cette préposition *en* est descriptive dans ces cas: "with (wearing) an overseas cap," etc.

(*k*) **Par ici,** "this way." Le contraire est *par là,* "that way."

(*l*) **faire cuire,** "to cook." Observez et continuez:
Je fais cuire ce lapin; je le fais cuire.

(*m*) **Une tarte qui sent (ou qui rappelle) le pays.**

(n) **Tantôt,** "soon." Il signifie aussi "a little while" (in the past or the future):

Je l'ai vu tantôt et je le reverrai tantôt.

(o) **Sois bénie** (être). Subjonctif exprimant un souhait.

(p) **tu fus.** Passé défini ou narratif du verbe *être.*

Verbes à pratiquer: **rejoindre** quelqu'un (verbe en *–indre,* liste II); **vouloir** faire quelque chose (liste I).

II. POUR APPRENDRE À PARLER

(a) Faites une phrase originale avec les expressions ci-dessus en *a, b, d, f, h, i, k.*

Conversation. — Faites les questions ou ce qui est dit:

1. (*à quelle distance* . . .*?*) Il est à une lieue de là.

2. Non, ces chemins ne sont pas droits, ils zigzaguent.

3. ("How . . .?") Il gelait à pierre fendre, ce matin-là.

4. Parlez des branches des arbres, de l'herbe, des habits des soldats et de leur haleine.

5. ("Of what . . .?") Ils avaient l'air de pantins, etc.

6. ("Where . . .?") Il est là, l'abri, dans . . .

7. ("What?" objet, 2 formes.) Sur ce drapeau on lit: «Armée du salut.»

8. ("What?" objet, 2 formes.) Avant la guerre, elle était une petite ouvrière . . .

9. ("What . . .?" objet+*faire.*) Elle s'est enrôlée, etc. . . .

10. ("What?" objet+*venir de faire.*) Elle vient de lire sa bible.

11. ("How?"+*habillée.*) Elle est en bonnet de police, . . .

12. ("What?" objet+*dire.*) Fox lui a dit de faire cuire ces lapins.

13. ("What?" objet+*y* *avoir*.) Dans cet abri il y a un bon feu, etc. . . .

14. Oui, maintenant ils pourront le rejoindre.

15. Oui, ils y reviendront tantôt parce qu'il y a des bancs, etc. . . .

Construction spontanée. — Dites III ci-après.

III. POUR APPRENDRE À ÉCRIRE

The Uncles have just come out of the trench. It is freezing hard. They are cold and their teeth are chattering.

Vr . . . vr . . . vr . . . A shell! In order to receive it, they lie down on the icy ground. Up! Another! Same ceremony.

Below, in this quarry-hole at the turning of the path, half way from the cantonment, there is a "dug-out."

The little Salvation Army lassie knows that they are about to pass. She is waiting (for) them at her door, in (her) overseas cap, short skirt, and with her fresh smile.

She enlisted, she also, she has served (*faire*) her apprenticeship as (=*de*) canteen-girl; she has crossed the sea.

They enter. Fox says to her: "Dear Lizzie, cook this for us for this afternoon."

In a little while, they will return. It is the dug-out; it is for them their (*le*) absent country.

VINGT-TROISIÈME LEÇON

LE NOËL DE L'ONCLE SAM

Le Service Postal a eu fort à faire ces jours derniers. Des tas de lettres et de colis, envoyés par le Père Noël d'Amérique, sont arrivés de là-bas.

Les Oncles se sont donné le mot: on ne les ouvrira que dans la nuit du 24 au 25. Ils attendent là, de toutes formes et de toutes dimensions, rangés en bon ordre sur des planches, chacun portant le nom de l'heureux destinaire.

Minuit! Noël! — «Bon Noël! — Joyeux Noël! — A vous aussi.»

La terre est blanche de neige, le ciel clair est plein d'étoiles. Au loin, sur la ligne de feu, le canon tonne toujours; c'est la sombre cloche de ce Noël de guerre.

Ce gros sapin bien droit en terre, bien vivant, respecté des obus, c'est «l'arbre.» Un oncle Sam, électricien, ouvre le courant. L'arbre, soudain, apparaît plein de feux de toutes les couleurs, ses branches pliant sous le poids des cadeaux que Lizzie y a pendus avec de jolis rubans.

C'est le moment:

«Tiens! une boîte de cigares!» s'écrie l'Oncle fumeur. Et les autres ouvrent et lisent:

«Tricot de laine, tricoté en pensant à vous, cher soldat.»

Joyeux Noël! — A vous aussi.

«Paire de gants. Pour vous aider à bien tenir votre fusil, mon cher grand enfant.» (C'est d'une maman cela.)

«Une paire de chaussettes! A mettre fidèlement au retour de la tranchée.»

«Deux chemises de flanelle. Soyez prudent, l'hiver est froid.»

«Des bonbons qui vous rappelleront le pays.» Etc., etc.

Mais les Oncles, eux aussi, ont voulu faire leur surprise. Il faut bien qu'il y ait encore un Père Noël des orphelins, de ceux qui n'ont ni père, ni mère, ni cheminée.

«Chocolat, viens voir ici, c'est ta branche.»

. . . Elle est joliment chargée sa branche! Elle plie à se rompre. Chocolat cueille, ouvre et lit:

«Boîte de chocolat pour Chocolat.» Ce dernier «Chocolat» est souligné et commence par une grande majuscule.

«Paire de souliers pour Chocolat.»

«Uniforme réglementaire avec chevron rouge sur la manche. De la part du Capitaine White.»

— Une minute, s'il vous plaît, mes Oncles.

Chocolat disparaît et revient bientôt en «uniforme réglementaire,» le bonnet de police sur l'oreille à la manière des vétérans. Il voudrait bien, dans sa joie, embrasser le Capitaine et tous les Oncles, mais, retenu par la correction militaire, il se contente de distribuer à tous des poignées de main et des mercis.

. . . L'aumônier est monté sur un tronc d'arbre.

Silence... Les bras se croisent, les têtes s'inclinent. C'est l'heure de communier de cœur et de pensée avec la Famille, si loin mais si présente; avec la Patrie, avec l'Humanité Moderne, unie pour cette sainte croisade qui tuera la Guerre et fera régner à jamais la Paix, promise à tous les «hommes de bonne volonté.»

I. POUR APPRENDRE À PARLER

(a) **Noël,** "Christmas." **Bon Noël! ou Joyeux Noël!** "Merry Christmas!"

(b) **avoir fort à faire,** "to have a lot to do":

J'ai fort à faire ces jours-ci. (Continuez.)

(c) **se donner le mot,** "to give their word to one another." C'est une forme réciproque.

Nous nous donnerons le mot. (Continuez au pluriel.)

(d) **C'est le moment d'ouvrir, de partir,** etc. Remarquez le *de* pour "to," en anglais.

(e) **Tiens!** C'est une exclamation de surprise.

(f) **S'écrie.** De la forme pronominale *s'écrier,* "to exclaim."

(g) **à mettre fidèlement.** Forme infinitive pour le futur: *vous les mettrez fidèlement;* ou pour l'impératif: *mettez-les ...*

(h) **eux aussi, moi aussi, toi aussi, lui aussi, nous aussi, vous aussi:**

J'ai bien préparé ma leçon. — Moi aussi. (Continuez.)

(i) **il faut bien qu'il y ait encore ...** Subjonctif après cette expression impersonnelle d'opinion.

(k) **viens voir, venez voir.** Remarquez cette formé impérative; on dit en anglais: "come and see."

(*l*) **elle est joliment** (ou *très*) **chargée**, etc.   *Joliment*
pour *très:*

Il fait joliment froid.

(*m*) **De la part de monsieur X.**, "from Mr. X."

(*n*) **se contenter de . . .**, "to be satisfied with . . ."
Remarquez cette forme pronominale et continuez:

Je me contente de cela, je m'en contente.

(*o*) **Les bras se croisent**, etc., pour *on croise* (*ils croisent*)
les bras.

(*p*) **faire**+un infinitif, "to cause to" . . :

Je ferai lire cette leçon; je *la* ferai lire à mes élèves; je la
leur ferai lire demain.

Verbes à pratiquer: **cueillir** des fruits (liste I); **faire**
régner la paix (liste I).

II. POUR APPRENDRE À PARLER

Faites une phrase au passé indéfini avec les expressions
ci-dessus en: *b, c, f, k, m, n, p.*

Conversation. — Répondez en employant un pronom
objet pour les mots en italique:

1. Avez-vous eu fort à faire pour préparer *cette leçon?*
2. Hier, vous êtes-vous tous donné le mot pour la bien
préparer?
3. Comment sont ces colis?
4. Et cet arbre de Noël, après que l'Oncle électricien a
ouvert le courant?
5. Est-ce le moment d'ouvrir *ces colis?*
6. L'Oncle fumeur a reçu une *boîte de cigares*, n'est-ce
pas?
7. Que s'est-il écrié en l'ouvrant?

8. Quelle recommandation accompagnait cette paire de chaussettes?

9. Et les deux chemises de flanelle?

10. Les Oncles n'ont-ils pas voulu faire une *surprise à Chocolat?*

11. Pourquoi ont-ils voulu lui en faire une?

12. De la part de qui cet uniforme réglementaire?

13. Comment Chocolat est-il revenu?

14. Dans sa joie qu'aurait-il voulu faire?

15. Que s'est-il contenté de faire?

16. Pour faire régner quoi, cette guerre?

Construction spontanée. — Sur III ci-après.

III. POUR APPRENDRE À ÉCRIRE

Midnight. "Merry Christmas!" — "The same to you."

The Uncles have given one another their word (of honor). It is time to open the letters and gifts sent to the soldiers by Santa Claus.

Lizzie has hung them on the Christmas tree with pretty ribbons.

— Why! (*Tiens!*) exclaims the Uncle (who is a) smoker, a box of cigars!

— From whom?

— From Miss Jane.

— Chocolat! come here and look; this is your branch.

There must still be a Santa Claus for those who have neither father nor mother, nor chimney, mustn't there?

— Why! a military uniform? One minute, please.

He disappears and soon returns in uniform, his overseas cap over one ear.

Restrained by military etiquette, he confines himself to (*se contenter de*) shaking hands with all his Uncles.

VINGT-QUATRIÈME LEÇON

LE NOËL DES GOSSES DE FRANCE

Le sermon est fini.

«Petit Vétéran, dit l'aumônier à Chocolat, ne sais-tu pas un conte de Noël? Tu pourrais nous le dire en français, nous comprenons tous cette langue maintenant.»

Le «vétéran» comprend qu'il doit faire honneur à son chevron tout neuf. Il cherche un instant, enlève son bonnet de police, se pose et dit: «Eh! bien, je vais vous dire celui que j'ai appris à l'école pour le Noël de 1915, c'est:

Le Noël des gosses de France

Trois anges sont venus ce soir
Près d'un petit garçon tout blême.
L'un d'eux portait un encensoir,
L'autre un vase d'or plein de crème;
Le troisième avait des joujoux,
Des patins, des ménageries,
Soignés, bien faits — de vrais joujoux
Français! . . . pas des fumisteries!
    «Noël! Noël!
    «Nous venons du ciel,
«T'apporter cadeaux et bombance,
    «Car le Bon Dieu,
«Dans son grand ciel bleu
«Aime bien les enfants de France!»

Le «vétéran» se pose et dit · · ·

L'ange agita son encensoir:
Il en sortit de la fumée · · ·
Le gosse dit: «Encor! · · · pour voir!»
Puis: «Ça sent trop la cheminée! · · ·»
Quand le vase d'or fut ouvert,
L'enfant dit: «J'aime bien la crème!
«Mais c'est trop blanc: ça sent l'hiver!»

Alors, survint l'ange troisième:
    «Noël! Noël!
«Prends d'assaut le ciel!
«Voilà des bijoux bleus et roses!
    «A toi l'un d'eux,
«Choisis! . . . Prends le mieux!»
L'enfant dit: «Je veux autre chose!

«De mes petits amis et moi,
«Tous les papas sont à la guerre!
«Alors vous comprenez pourquoi
«Vos cadeaux ne m'enchantent guère! . . .
«Ce que nous voulons, avant tout,
«C'est papa, tout couvert de gloire!
«Qu'il revienne vite, et surtout
«Qu'il revienne avec la victoire! . . .
    «Noël! Noël!
    «Retournez au ciel
«Pour dire à Dieu notre espérance.
    «Qu'il sache quel
    «Beau petit Noël
«Il faudrait aux gosses de France.»

        (FURSY, *chansonnier parisien.*)

—Bravo! Vétéran des gosses de France, ajouta l'aumônier, viens ici: le Père Noël me fait signe de les embrasser tous sur ton front, les gosses de France et de te dire, de sa part et de celle des oncles d'Amérique, qu'ils l'auront Noël prochain, la Victoire, avec tous leurs papas couverts de gloire.

I. CAUSERIE EXPLICATIVE ET GRAMMATICALE

(*a*) **Le sermon est fini.** La forme passive se construit comme en anglais.

(*b*) **ne sais-tu pas?** Forme interrogative-négative.

(*c*) **se poser** ou **prendre une pose.** Remarquez la forme pronominale.

(*d*) **tout blême, tout couvert de . . .** Dans ces cas, *tout* suivi d'un adjectif est adverbe et signifie *entièrement,* "very, entirely." Voyez leçon 9, I *a.*

(*e*) **un vase d'or** ou **en or.** *De* et *en* correspondent ici à "made of":

> En quoi est ce vase? — Il est en or.

(*f*) **Une fumisterie.** C'est quelque chose qui n'est pas vrai, une plaisanterie. Ici, une mauvaise contrefaçon ou imitation.

(*g*) **encor** pour **encore.** C'est une license de versification. **Ça sent trop la cheminée. Ça sent trop l'hiver.** *Sentir* signifie "to smell" et au sens figuré "to smack of, to recall, to look like."

(*h*) **Survenir** se conjugue comme *venir,* liste I.

(*i*) **faire signe de**+inf., "to make signs to . . ."

(*j*) **Qu'il revienne vite.** Subjonctif exprimant un désir, un souhait.

> Que Dieu sache quel . . . "May God know; have or tell God . . ."

Si nous introduisons la conjonction *afin que:* Retournez au ciel afin que Dieu sache . . ., cette conjonction demande le verbe au subjonctif.

(k) **embrasser**, "to embrace *or* to kiss."

Verbes à pratiquer: **choisir** un cadeau; **revenir** apporter quelque chose. (*Venir,* liste I.)

II. POUR APPRENDRE À PARLER

Les phrases suivantes sont négatives, faites-les inter-rogatives-négatives, des deux manières.

> Vous ne savez pas votre leçon aujourd'hui.
> Paul ne comprend pas ce que je dis.
> Ça ne sent pas la fumée ici.

Conversation. — Répondez avec un pronom objet:

1. Le sermon était-il fini?
2. Qu'est-ce que Chocolat a fait avant de dire *son conte de Noël?*
3. Quel est le conte qu'il va dire?
4. Comment était le petit garçon de ce conte?
5. En quoi était le vase plein de crème?
6. Comment étaient les joujoux du troisième ange?
7. Qu'est-ce que les anges venaient apporter *à ce petit garçon?*
8. Qu'est-ce que le petit garçon a dit de cette fumée de l'encensoir?
9. A Noël 1915, où étaient tous les papas des petits Français?
10. Comment ces petits Français voulaient-ils que leurs papas reviennent *de la guerre?*
11. Que désiraient-ils que Dieu sache?
12. Pourquoi le petit garçon du conte dit-il *aux anges* de *retourner au ciel?* — *Afin que Dieu* . . .
13. Quel signe le Père Noël a-t-il fait à *l'aumônier?*

14. Qu'a-t-il dit *à l'aumônier* de dire *à Chocolat* de sa part?

Construction spontanée. — Sur III ci-après.

III. POUR APPRENDRE À ÉCRIRE

The sermon is now over (*fini*).

"Little Veteran," says the Chaplain to Chocolat, "don't you know a Christmas story?"

Chocolat thinks (*chercher*) a moment, takes off his forage cap, strikes a pose and says:

"I'm going to tell you the one which I learned for Christmas, 1915:

Three Angels came to the side (*près*) of a very pale little French boy.

One of them carried a censer; the second, a golden vessel full of cream; the third, toys made in France.

The child said to the first Angel: Your censer smells too much (of) smoke. To the second: I like cream very much, but that recalls winter too much. To the third: I don't like toys any more; I should like something else. My father is at the war. I want him to return all covered with glory, to return with victory.

Will you please, good Angels, go back to heaven to tell God from me, in order he may know it, what (a) fine Christmas we should like (*désirer* or *aimer*)."

VINGT-CINQUIÈME LEÇON

LES ANGES DE L'ONCLE SAM

Les jours d'assaut et de bataille sont enfin venus, à la grande joie des Oncles qui commençaient à trouver un peu long leur métier de taupes.

Ils aiment, eux, la lumière, la lutte ouverte en plein espace. On y tombe mais on se rapproche de la frontière.

"Over the Top!" «A l'assaut! En avant!»

... Beaucoup d'Oncles sont tombés. Beaucoup de membres emportés, cassés, troués de balles. Beaucoup de figures en sang. Hélas! beaucoup de morts.

Les brancardiers les ont chargés sur leurs civières et portés à l'arrière pour les premiers soins. Puis les voitures d'ambulance les ont conduits à la gare la plus rapprochée. Ils arrivent à un vrai hôpital.

Enfin des lits, des draps blancs où l'on peut s'étendre tout de son long, déshabillé; des baignoires avec de l'eau tiède.

Il y a déjà bien des blessés dans cet hôpital: des Oncles qui n'ont plus qu'une jambe; d'autres, plus qu'un bras; d'autres, ni bras ni jambes. Ce sont les amputés, les grands mutilés de la guerre. Celui-ci n'a plus qu'un œil, il est borgne. Celui-là a perdu les deux yeux, il est aveugle. Cet autre n'a plus de nez, mais le docteur Alexis Carrel lui en fera un autre, dit-il.

Il fait tant de merveilles, ce docteur!

On est gai quand même. Sur toutes ces faces de martyrs il y a un sourire calme et résigné: le sourire des héros du devoir.

Voici les blanches infirmières.

Celle-ci c'est la Tendresse. Elle glisse sans bruit entre les lits. «Êtes-vous bien comme ça?... Vous sentez-vous mieux?... Souffrez-vous encore autant?... Allons, mon cher enfant, prenez-moi par le cou et soulevez-vous un peu pour que je retourne votre oreiller. Je vais border votre lit maintenant... Faites un petit effort, mon brave,

«Merci, maman.»

votre fièvre est passée, goûtez ce bon potage.» Et elle lui glisse la cuillère dans la bouche... Elle est si tendre qu'ils ont tous envie de lui dire: Merci, maman.

Celle-là c'est la Vie. Le matin, avec le jour, elle apparaît toute blanche. Elle ouvre les fenêtres, éteint les lampes, court aux remèdes, les donne à chacun, prend les températures, change les draps, apporte les dernières nouvelles du front... «Oh! vous avez bonne mine ce matin, vous pourrez vous lever bientôt... Vous, je vais enlever votre bandage et laver votre blessure...» Elle continue ainsi toute la journée. On la suit des yeux, on voyage dans la salle avec elle et le

soir, quand elle fait sa dernière ronde, on a l'impression
que demain on se réveillera ressuscité.

Et cette autre c'est la Beauté. Avant la guerre, elle
était — à New-York, Boston ou San Francisco — une
très grande dame du monde, un peu frivole peut-être

Ce sont les anges de l'oncle Sam.

en sa belle robe de soirée, dans son salon princier.
Aujourd'hui, elle est si simple sa robe; mais avec quelle
élégance elle la porte! Elle vient avec des fleurs, des
fruits, des cigares. Elle distribue les lettres, les lit aux
pauvres aveugles, y répond pour eux. Ils ne la voient
pas, mais ils la devinent à sa voix pleine de grâces.
Elle s'assied au chevet des mourants, reçoit leurs der-

nières paroles pour leurs mamans et pour leurs femmes; leur dit qu'ils sont beaux et braves. Et leurs yeux se ferment sur cette apparition de la Beauté qui poétise la Mort.

Cette Tendresse, cette Vie, cette Beauté ce sont les anges de l'oncle Sam.

I. CAUSERIE EXPLICATIVE ET GRAMMATICALE

(a) **Ils aiment, eux, la lumière.** Ce pronom tonique ("stressed") marque le contraste.

(b) **s'approcher (se rapprocher) de quelqu'un ou de quelque chose**, "to approach (approach more closely) some one." Forme réfléchie. Continuez:

Je m'approche de la table; je m'en approche.

(c) **une figure en sang**, "a face covered with blood."

(d) **conduire quelqu'un quelque part**, "to take some one somewhere":

Ce soir, je le conduirai à l'université.

(e) **s'étendre tout de son long**, "to stretch oneself out at full length." Forme réfléchie:

Je me suis étendu tout de mon long.

(f) **bien des . . . ou beaucoup de . . .**, "many . . ."

(g) **les blanches infirmières.** C'est une forme littéraire et poétique pour *les infirmières en blanc* ou *blanches*.

(h) **se sentir mieux**, "to feel better"; **se soulever**, "to raise oneself." La première forme est pronominale; la seconde réfléchie:

Je me sens mieux, je peux me soulever un peu.

(*i*) . . . **(pour) que je retourne votre oreiller.** Forme subjonctive; *pour,* "in order," peut être sous-entendu.

(*j*) **tous** ("all of them") **ont envie de**(+inf.); **avoir envie de . . .,** "to feel like" . . .: Ce soir, j'ai envie d'aller au théâtre.

(*k*) **avoir bonne (mauvaise) mine,** "to look well (bad)": Hier, j'avais bonne mine, mais ce matin j'ai mauvaise mine.

(*l*) **une dame du monde,** "a perfect lady, a lady of society."

(*m*) **Avec quelle élégance elle la porte!** "How stunningly she wears it!" Ce *quel(le)* est exclamatif.

Verbes à pratiquer: **tomber** dans la rue (avec *être,* aux temps composés); **conduire** quelqu'un à la gare (liste II).

II. POUR APPRENDRE À PARLER

Faites une phrase avec les expressions ci-dessus, en I *a, b, d, e, f, h, j, k, m.*

Conversation. — Répondez avec des pronoms objets ou faites ce qui est dit:

1. Savez-vous ce que c'est qu'une taupe? Comment appelez-vous ce petit animal en anglais?

2. Moi, je n'aime pas ce métier de taupes; et vous, l'aimez-vous?

3. Les Américains se rapprochent-ils *de la frontière?*

4. Qu'est-ce que les brancardiers ont fait de *ces blessés?*

5. Et les voitures d'ambulance?

6. Voici un blessé. Dites-lui de s'étendre tout de son long. (*Impératif.*)

7. Dites-lui maintenant de se déshabiller.

8. Comment appelle-t-on quelqu'un qui n'a plus qu'un œil? — (C'est un *ou* une . . .)

9. Et celui qui a perdu les deux yeux?

10. Vous êtes infirmière (*ou* infirmier), supposons; demandez à ce blessé s'il se sent mieux.

11. Dites-lui maintenant de vous prendre pas le cou et de se soulever un peu. (*Impératif.*)

12. Demandez-moi si j'ai envie d'aller au cinéma ce soir.

13. Qu'est-ce que l'infirmière qui répresente la vie a fait en entrant hier matin?

14. Dites-moi que vous avez bonne mine aujourd'hui.

15. Dites-moi ce que l'infirmière qui représente la beauté a fait hier.

Construction spontanée. — Sur III ci-après.

III. POUR APPRENDRE À ÉCRIRE

The Americans were beginning to find their mole business (*métier*) a little long, for *they* (emphasize) like the fight (in the) open.

They have come closer to the frontier.

Alas! there have been many of (them) killed.

The stretcher-bearers have loaded the wounded on their stretchers and the ambulance wagons have taken them to a station near the front.

At the hospital they can stretch themselves out at full length in good beds.

This one has lost both eyes: he is blind. That one has only one eye left (*plus*): he is blind in one eye. That other (one) has no longer any nose.

"Do you feel better?" the nurse says to him. "I am going to turn over your pillow and tuck in your bed."

She is so kind that he feels like saying to her: "Thanks, mother."

Another asks her: "Do I look better this morning? Are you going to take off my bandage and wash my wound?"

"I," says the Boston lady, "I am going to write for you to your dear wife and tell her that you have been very brave, and that you will be able to get up to-morrow."

These nurses are Uncle Sam's Angels.

VINGT-SIXIÈME LEÇON

LA PITIÉ DE L'ONCLE SAM

L'oncle Sam ne fait pas que se battre. Déjà, chez lui, avant de prendre les armes, il avait été ému d'une grande pitié pour les victimes de la guerre. Il en avait, dès le début, adopté les orphelins.

Plus tard, quand les petits exilés français ont été rapatriés — maigres, tuberculeux, sans nom, sans parents, ne sachant plus même ni rire ni jouer — l'oncle Sam leur a envoyé des papas et des mamans pour les soigner dans des sanatoriums ou des jardins d'enfants, les vêtir, les bien nourrir, leur réapprendre à rire et à jouer.

Maintenant l'ennemi recule. Les réfugiés s'ennuient de leur maison, de leur village enfin reconquis. Ils y courent. Mais de maisons et de villages, il n'y en a plus pour eux; il ne reste que des monceaux de ruines. Ils remuent ces ruines, y cherchent en pleurant quelque souvenir des temps heureux, s'y assoient dans la tristesse, décidés à ne plus les quitter. Ils n'ont plus de foyer, plus de murs pour les abriter, ni de toit pour les protéger; ni meubles, ni vêtements, plus rien, plus rien du tout et l'hiver est là tout proche. C'est la grande misère et la grande désespérance.

C'est alors que l'oncle Sam mobilise une autre armée, une armée pacifique: le Comité Américain pour les Régions Dévastées de France.

Sur ces ruines, le Comité élève des baraques en bois, apporte des lits, du linge, des couvertures, des habits, des ustensiles de cuisine, des vivres. Il envoie des médecins, des dentistes, des infirmières et des nourrices, installe des cliniques.

La terre elle-même est dévastée. Il n'y a plus de champs, plus de jardins, plus d'arbres dans cette partie de la France. L'oncle Sam apporte des outils, des arbres. On les replante pour qu'en été la campagne redevienne un peu la campagne, avec des feuillages, des fleurs et de l'ombre où s'asseoir et s'aimer.

C'est un commencement en attendant la grande re-

De maisons et de villages, il n'y en a plus pour eux.

construction, celle qui suivra le traité de paix. Du moins, jusque-là, on pourra attendre et espérer encore.

Cette œuvre, c'est l'œuvre de la Pitié de l'oncle Sam: de sa pitié pour les rapatriés et les chassés, de sa pitié pour la maison, pour le clocher et pour le champ.

I. CAUSERIE EXPLICATIVE ET GRAMMATICALE

(*a*) **se battre,** "to fight"; **s'ennuyer de,** "to long for." Remarquez ces formes pronominales.

(*b*) **même.** Ici, ce mot a le sens de "even."

(*c*) **un jardin d'enfants.** *De* à le sens de *pour*, "a kindergarten."

(*d*) **Mais, de maisons, il n'y en a plus pour:** il n'y a plus de maisons.

(*e*) **ni . . . ni . . .,** "neither . . . nor."

· (*f*) **le Comité élève des baraques en bois,** "the Committee is building wooden barracks."

(*g*) **une nourrice,** "a nurse (for children)"; **une infirmière,** "a trained nurse."

Verbes à pratiquer: **s'ennuyer** de son pays (voyez 5, *d*); **envoyer** chercher le médecin.

II. POUR APPRENDRE À PARLER

Conversation. — Répondez:

1. L'oncle Sam n'a-t-il fait que se battre pendant la guerre?

2. Qu'a-t-il fait pour les petits exilés rapatriés?

3. De quoi les refugiés s'ennuyaient-ils?

4. Quand leurs villages ont été reconquis, qu'ont-ils fait?

5. Avaient-ils encore un foyer, des murs, etc.?

6. Comment s'appelle le (*ou* quel est le nom du) Comité que l'oncle Sam a formé alors?

7. Qu'a-t-il fait ce Comité?

8. Et pour la terre dévastée qu'a-t-il fait encore?

9. Qu'est-ce que c'est vraiment que cette œuvre de l'oncle Sam?

10. De sa pitié pour qui et pour quoi?

11. Avez-vous des parents — père, frère, cousin, etc. — qui se soient battus pour la Justice et la Liberté pendant cette guerre?

12. Vous êtes-vous ennuyés pendant cette leçon?

Construction spontanée. — Sur III ci-après.

III. POUR APPRENDRE À ÉCRIRE

Uncle Sam has done nothing but (*ne . . . que*) fight during the Great War. He has been the kind Uncle of the little French children exiled or (left) orphans.

After the retreat of the enemy, the refugees of the devastated regions of France, who were longing for their villages, came back to them at last. But they found only heaps of ruins: no longer any walls, nothing more at all.

It was (*est*) then that Uncle Sam mobilized a peaceful army: The American Committee for the Devastated Regions of France.

This Committee built wooden barracks, brought beds, kitchen utensils and provisions, tools also for replanting trees so that the country may become again the country.

Uncle Sam took pity on (*de*) all these victims of the war: the repatriated and those driven out, the house, the (village) church and the field.

VINGT-SEPTIÈME LEÇON

L'ONCLE SAM DONNE LE COUP DE GRÂCE

Le moment décisif est venu. Toutes les forces alliées sont prêtes, les plans d'attaque établis. Sur la ligne de bataille il y a 1.200.000 oncles Sam sur lesquels on peut compter et qui vont faire parler d'eux. C'est l'assaut sur tous les fronts, pour la grande poussée. En avant! Il faut en finir!

L'oncle Sam commence à la Marne. L'ennemi est à Château-Thierry, sur la route de Paris.

«Halte-là! On ne passe pas!» Tel est le mot d'ordre du jour, et deux régiments d'Oncles rejettent l'ennemi derrière la Marne. Trois jours de bataille et 8000 Oncles ont suffi à ce point critique. Six mille d'entre eux sont tombés morts ou blessés, mais la Marne est passée et les Oncles sont sur les talons des fuyards.

L'oncle Sam entreprend ensuite au nord-ouest de Verdun où l'ennemi est protégé par une triple ligne de défenses réputées imprenables. Les avions, ces yeux de l'armée, partent en reconnaissance, relèvent les positions. C'est là, à ces deux points, qu'on va faire la trouée et le pincer. Les chars d'assaut frayent le chemin, culbutent tout sur leur passage. L'infanterie suit de près, protégé par le feu de l'artillerie qui avance derrière. Ici, des rivières dont l'ennemi a fait sauter

les ponts.   Les compagnies du génie en jettent de nouveaux, et l'on passe et la poursuite continue.

Les mâchoires de l'éteau se serrent avec une précision
mathématique.   L'ennemi encerclé, à bout de forces,

Armistice!   Victoire!

perdu, découragé, fait des propositions d'armistice, le
plus grand armistice que le monde ait jamais vu.

Deux mois ont suffi!

Les cloches de tous les pays carillonnent l'avènement
de la Paix, de la Paix universelle et durable.

L'oncle Sam peut s'arrêter victorieux sur le champ
de bataille: le monstre de la guerre est à jamais tué, le

monde va être enfin «habitable» pour tous, une ère nouvelle va luire demain.

Cette aurore de paix victorieuse, c'est aussi l'œuvre de l'oncle Sam.

I. CAUSERIE EXPLICATIVE ET GRAMMATICALE

(*a*) **donner le coup de grâce**, "to give the finishing blow." C'est donner le coup qui fait demander grâce ("mercy").

Je lui donne le coup de grâce, je le lui donne.

(*b*) **faire parler de soi**, "to give a good account of oneself." Littéralement: "to make (people) talk about oneself."

faire sauter un pont, "to blow up a bridge"

Je fais sauter ce pont, je le fais sauter à la dynamite.

Je ferai parler de moi; j'en ferai parler.

(*c*) **Il faut en finir!** "It must be ended!"

Il faut finir de perdre notre temps; il faut en finir.

(*d*) **le mot d'ordre**, "the slogan."

(*e*) **partir en reconnaissance.** Ce substantif vient du verbe *reconnaître*, "to make a reconnaissance."

Je pars en reconnaissance.

(*f*) **relever une position ennemie**, "to locate . . ."
relever une compagnie, "to relieve . . ."

Je relève la position ennemie, je la relève.

Je relève la sentinelle à 5 heures.

(*g*) **la trouée.** Du mot *trou*, "hole." Faire une trouée, c'est faire un très grand trou.

(*h*) **un char d'assaut.** C'est "a tank."

(*i*) **une compagnie du génie,** "a company of engineers (military)."

(*j*) **et l'on passe.** Pour ce *l*, voyez leçon 10, I *f*.

(*k*) **être à bout de forces,** "to be exhausted."

Je suis à bout de forces. — Moi aussi.

(*l*) **à jamais** (ou **pour toujours**), "forever."

Verbes à pratiquer: **partir** en France, à Paris (liste II); **faire** sauter un pont (liste I).

II. POUR APPRENDRE À PARLER

1. Continuez au passé indéfini les phrases en I *a, b, e, f*.

2. Dites-les maintenant à l'impératif affirmatif, puis négatif.

Conversation. — Inventez les questions:

1· Oui, elles sont prêtes et les plans d'attaque établis.

2. Il y en a 1.200.000.

3. Certainement qu'on peut compter sur eux.

4. Oui, ils ont fait parler d'eux. Leurs noms sont inscrits dans l'Histoire.

5. Il a commencé à la Marne, près de Château-Thierry.

6. Ce mot c'était: «On ne passe pas!»

7. 8000 Américains seulement ont suffi à ce point critique.

8. 6000 d'entre eux y sont morts ou y ont été blessés.

9. A Reims, l'ennemi était protégé par une triple ligne de défenses.

10. Oui, nos avions sont partis en reconnaissance.

11. Ce sont les chars d'assaut qui ont frayé le chemin.

12. Elle était protégée par le feu de l'artillerie.

13. Oui, l'ennemi les avait fait sauter à la dynamite.

14. Ce sont les compagnies du **génie** qui en ont jeté d'autres.

15. L'ennemi était alors encerclé et à bout de forces.

16. Oui, le monstre de la guerre a été tué. Tué à jamais — espérons-le.

III. POUR APPRENDRE À ÉCRIRE

Refaites par écrit les questions de la conversation en II ci-dessus.

Construction spontanée. — Fermez votre cahier, ouvrez votre livre et refaites oralement ces mêmes questions.

VINGT–HUITIÈME LEÇON

LE DÉPART DE L'ONCLE SAM

L'oncle Sam s'en va.

La 1ère Division, — la première arrivée, la dernière à partir, — s'embarque en rade de Brest.

Dans huit jours elle repassera, en rade de New-York, devant la statue de la Liberté, qu'elle est venue défendre et préserver sur la terre de France. Les Oncles reverront leurs villes, leurs villages, leurs pères, leurs mères, leurs sœurs, leurs frères et leurs fiancées.

Là-bas, en Amérique, on attend les vainqueurs. On pavoise pour leur retour triomphal. Sur les vitres des magasins on écrit, en français, des phrases de bienvenue où le «Professeur Chocolat» trouverait bien quelques fautes d'orthographe, mais elles n'en sont que plus belles dans leur simplicité, et leur bonne intention:

«Bonjour! — Soyez les bienvenus! — Comment allez-vous? — Vivent les Terribles! — A votre Service!»

Comme on se doute que les Oncles savent maintenant le français, on les accueille en français.

Chocolat a voulu suivre sa Compagnie jusqu'à Brest. Il a bien un peu le cœur gros de quitter ses Oncles, mais il se réjouit de leur bonheur . . .

La sirène vient de jeter le premier signal du départ.

— Chocolat! — crie le Capitaine White avec ses hommes rassemblés.

148

— Présent, mon Capitaine.

— Chocolat, tu as été — le Capitaine dit «tu» maintenant, à la manière française — tu as été un fidèle interprète, un savant professeur, un vaillant soldat. Tu as servi l'Oncle Sam pendant vingt-quatre mois. Nous avions convenu de trente dollars par mois. Trente multiplié par vingt-quatre, cela fait sept cent-vingt dollars ou trois mille six cents francs. Voici un chèque de 3600 francs qu'on te paiera à la Banque de France. Avec cet argent tu t'instruiras pour devenir utile à ton pays et capable de gagner ta vie.

Cette fois, Chocolat ne se tient plus de joie. Il oublie toute sa dignité de soldat et se jette, reconnaissant, dans les bras de l'oncle Sam qui même en s'en allant pense à tout.

Deuxième coup de sirène! . . . Vite, une dernière poignée de main à tous les Oncles.

Troisième coup de sirène! . . . On part. Il descend vite.

. . . Le navire des Oncles a quitté le port. Il entre en pleine mer. Le soleil de septembre baisse à l'horizon empourpré, tout là-bas dans l'Atlantique. Le navire vogue vers le soleil.

Chocolat s'est planté à l'extrémité de la grande jetée. Son bonnet de police à la main, il envoie à l'Oncle un dernier adieu.

. . . Le navire n'est plus qu'un tout petit point sur le vaste océan . . . Il touche le soleil . . . disparaît avec lui.

Chocolat n'est plus que Chocolat, mais un Chocolat

«Adieu, mon bon, mon cher Oncle Sam!»

plein d'avenir . . .   Un dernier regard . . ., un dernier geste, effacé par la distance . . .

«Adieu, mon bon, mon cher, mon doux, mon vaillant Oncle Sam!»

Et, une larme à l'œil, Chocolat s'en va, seul mais plein de confiance, vers la vie nouvelle qui l'attend.

I.   CAUSERIE EXPLICATIVE ET GRAMMATICALE

(*a*) Remarquez les formes suivantes, pronominales ou réfléchies:

s'en aller (ou **partir**), "to go away"; **s'embarquer**, "to sail"; **se réjouir de . . .**, "to rejoice in"; **se planter à**, "to take a position, stand."

Je m'en vais chez lui.	Je m'en suis allé chez lui.
Je pars à 8 heures.	Je suis parti à 8 heures.
Je me plante là.	Je me suis planté là.
Je m'embarque ce soir.	Je me suis embarqué hier soir.
Je me réjouis de le voir bientôt.	Je me suis réjoui de le voir.

(*b*) **«A votre service.»** Cette inscription figurait sur l'une des vitres d'un des magasins de Madison, pour le retour de la 32ème Division.   Cette autre aussi: *A votre santé!* "To your health!"

(*c*) **douter** signifie "to doubt"; **se douter de** (ou *que*), "to suspect":

Je doute de cela, j'en doute.
Je doute qu'il vienne.   Je me doute qu'il viendra.

(*d*) **avoir le cœur gros de . . .** ou **être triste de . . .** ou **avoir de la peine (du chagrin) de . . .**, "to feel (sorry at) sad over."

J'ai le cœur gros de quitter ma mère.
Je suis triste de la quitter, j'en ai du chagrin.

(*e*) **convenir de** signifie "to agree upon": **convenir à** signifie "to suit, to please":

Je conviens de lui donner 30 dollars par mois.
Cela lui convient; il accepte.

(*f*) **Adieu** est plus solennel que *au revoir*, "Good-by."

(*g*) (**avec**) **une larme à l'œil** ou **des larmes aux yeux**.

Verbes à pratiquer: **s'en aller** bientôt (liste I); **s'instruire** pour gagner sa vie (voyez *conduire*, liste II).

II.   POUR APPRENDRE À PARLER

Dites au passé indéfini les phrases en I *a, d, e*.
Dites-les aussi à l'impératif affirmatif, puis négatif.

Conversation. — Inventez les questions:

1. Oui, l'oncle Sam s'en va (*ou* part).
2. Il s'en est allé (*ou* il est parti) en septembre, 1919.
3. Il s'est embarqué à Brest.
4. Maintenant ils ont revu leurs pères, leurs ...
5. Oui, on les attendait chez eux.
6. On y avait écrit des phrases de bienvenue.
7. Oui, on se doutait que les Oncles parlaient français.
8. Oui, on les a accueillis en français.
9. Oui, il avait le cœur gros de les quitter.
10. Il se réjouissait de leur bonheur.
11. Elle vient de jeter le premier signal du départ.
12. Il a servi l'oncle Sam pendant vingt-quatre mois.
13. On le lui payera à la Banque de France.
14. Avec cet argent il s'instruira pour ...
15. Il s'est jeté, reconnaissant, dans les bras de l'oncle Sam.
16. Au deuxième coup de sirène il a donné une poignée de main à tous ses Oncles.

17. Ensuite il est allé se planter à l'extrémité de la jetée pour les voir partir.

18. Il s'en est allé seul, avec des larmes aux yeux, mais plein de confiance.

Construction spontanée. — Répétez II spontanément.

III. POUR APPRENDRE À ÉCRIRE

(*a*) Refaites II par écrit. *Ou:*

(*b*) Choisissez le chapitre que vous aimez le mieux ou qui vous a le moins ennuyé, et rapportez-le par écrit après en avoir relevé les expressions idiomatiques pour les introduire dans votre composition.

APPENDICE

CONSTRUCTIONS INDISPENSABLES

1. **Forme affirmative:**

> Je suis à New-York.
> Je vous écris.

2. **Forme négative:**

> Je *ne* suis *pas* à New-York.
> Je *ne* vous écris *pas*.

Règle. — Dans toute forme affirmative, mettez *ne* après le *sujet*, *pas* après le verbe. (Après *l'auxiliaire* dans les temps composés.)

NOTE. — Les mots suivants remplacent *pas:*

ne (*verbe*) *point*, not (at all)
ne (*verbe*) *jamais*, never
ne (*verbe*) *guère*, hardly
ne (*verbe*) *plus*, no longer, no more

ne (*verbe*) *que*,* only
ne (*verbe*) *personne*,* nobody
ne (*verbe*) *rien*, nothing
ne (*verbe*) *ni*,* neither . . . nor

> Je *ne* parle *jamais*.
> Je *n'ai jamais* écrit.
> Je *n'ai* vu *personne*.   (* *Après le participe passé*.)

3. **Les deux manières de faire une question:**

Forme a. — *Est-ce que* je suis à New-York?
> *Est-ce qu'*il vous écrit?

Règle. — Mettez *est-ce que* devant toute forme affirmative.

Forme b. — Suis-*je* à New-York?
> Vous écrit-*il?*

155

Règle. — Mettez après le verbe *le pronom sujet* de la forme affirmative.

4. Cas d'un nom comme sujet:

Forme a. — Comme ci-dessus, mettez *est-ce que* devant la forme affirmative:

Est-ce que *Robert* est à Chicago?

Forme b. — *Robert* est-*il* à Chicago?
Sa sœur vous écrit-*elle?*
Sa sœur vous a-t-*elle* écrit?

Règle. — Dites la forme affirmative *jusqu'après le verbe* (ou l'auxiliaire dans les temps composés) et là, introduisez le pronom [il(s) ou elle(s)] qui répète le nom sujet.

5. Forme interrogative-négative:

Est-ce que vous n'avez pas reçu ma lettre?
ou: N'avez-*vous* pas reçu ma lettre?

Est-ce que Paul n'est-pas à Chicago?
ou: Paul n'est-*il* pas à Chicago?

Règle. — Prenez la forme négative, tournez-la en question, forme (*a*) ou (*b*) comme ci-dessus.

Remarques:

1º Les mots interrogatifs: *où* (where), *pourquoi* (why), *quand* (when), *comment* (how), *que* (what), etc., commencent la phrase comme en anglais:

(*a*) *Où* | *est-ce que* | je suis?
Pourquoi | *est-ce que* | Robert est à Chicago?
Qu' | *est-ce que* | sa sœur vous écrit?

(*b*) *Où* suis-je?
Pourquoi Robert est-il à Chicago?
Sa sœur *que* vous écrit-elle? *ou:*
Que vous écrit sa sœur?

2º Dans cette forme *b*, cas d'un nom sujet, remarquez que ce nom sujet vient avant *que* ou à la fin de la phrase.

ÉTUDE SYNTHÉTIQUE DU VERBE FRANÇAIS

1. CLASSIFICATION

Tout verbe comprend deux parties, le radical ("stem") et la terminaison:

parl er, fin ir, vend re, prend re

Les verbes dont le radical ne change jamais sont réguliers:

fin ir, nous fin issons; vend re, nous vend ons

les autres sont irréguliers:

prend re, nous pren ons, etc.

Il y a trois conjugaisons régulières:

1º les verbes en −er, qui se conjuguent comme **parler**,
2º ceux en =ir, qui se conjuguent comme **finir**,
3º ceux en −re, qui se conjuguent comme **vendre** ou **rompre**.

NOTE. — Les deux premières sont appelées conjugaisons vivantes ("living") parce qu'on continue à former de nouveaux verbes sur leurs modèles:

câbler, sur le modèle de parler.
bleuir, sur le modèle de finir.

Tous les autres verbes appartiennent à la conjugaison morte ("dead"), on ne forme plus de verbe sur aucun d'eux.

2. VERBE AVOIR (IRRÉGULIER)

INFINITIF

Présent	*Passé*
avoir, *to have*	**avoir eu**, *to have had*

PARTICIPE

Présent	*Passé*
ayant, *having*	**eu**, *had*

157

Mode Indicatif

	Présent		Passé Indéfini
j'	ai, *I have, am having*	j'ai	eu, *I have had, I*
tu	as	tu as	eu [*had*
il	a	il a	eu
nous	avons	nous avons	eu
vous	avez	vous avez	eu
ils	ont	ils ont	eu

	Imparfait		Plus-que-parfait[1]
j'	avais, *I had, was having,*	j'avais	eu, *I had had*
tu	avais [*used to have.*	tu avais	eu
il	avait	il avait	eu
nous	avions	nous avions	eu
vous	aviez	vous aviez	eu
ils	avaient	ils avaient	eu

	Passé Défini		Passé Antérieur[2]
j'	eus, *I had*	j'eus	eu, *I had had*
tu	eus	tu eus	eu
il	eut	il eut	eu
nous	eûmes	nous eûmes	eu
vous	eûtes	vous eûtes	eu
ils	eurent	ils eurent	eu

	Futur		Futur Antérieur
j'	aurai, *I shall have*	j'aurai	eu, *I shall have*
tu	auras	tu auras	eu [*had*
il	aura	il aura	eu
nous	aurons	nous aurons	eu
vous	aurez	vous aurez	eu
ils	auront	ils auront	eu

[1] Exprime la simple antériorité.
[2] Exprime l'immédiate antériorité.

Mode Conditionnel

Présent		*Passé*	
j',	aurais, *I should have*	j'aurais	eu, *I should have*
tu	aurais	tu aurais	eu [*had*
il	aurait	il aurait	eu
nous	aurions	nous aurions eu	
vous	auriez	vous auriez	eu
ils	auraient	ils auraient	eu

Mode Subjonctif

Présent   *Passé*

(que) j' aie, (*that*) *I* (*may*)   (que) j'aie eu, (*that*) *I*
have, etc.   (*may*) *have had*, etc.

(que) tu aies   (que) tu aies eu
(qu') il ait   (qu') il ait eu
(que) nous ayons   (que) nous ayons eu
(que) vous ayez   (que) vous ayez eu
(qu') ils aient   (qu') ils aient eu

Imparfait   **Plus-que-parfait*

(que) j' eusse, (*that*) *I* (*might*)   (que) j'eusse eu, (*that*)
have, (*that*) *I had*, etc.   *I* (*might*) *have had*, etc.

(que) tu eusses   (que) tu eusses eu
(qu') il eût   (qu') il eût eu
(que) nous eussions   (que) nous eussions eu
(que) vous eussiez   (que) vous eussiez eu
(qu') ils eussent   (qu') ils eussent eu

* This tense is also used without que as a second past of the conditional.

Impératif

aie, *have* (*thou*)
ayons, *let us have*
ayez, *have*

(Pour les formes "let him (them) have, etc.," on emploie le subjonctif **qu'il ait, qu'ils aient.**)

3. VERBE ÊTRE (IRRÉGULIER)

INFINITIF

Présent	*Passé*
être, *to be*	avoir été, *to have been*

PARTICIPE

Présent	*Passé*
étant, *being*	été, *been*

MODE INDICATIF

Présent	*Passé Indéfini*
je suis, *I am*	j'ai été, *I have been, I*
tu es	tu as été [*was*
il est	il a été
nous sommes	nous avons été
vous êtes	vous avez été
ils sont	ils ont été

Imparfait	*Plus-que-parfait*[1]
j' étais, *I was, used to be, etc.*	j'avais été, *I had been*
tu étais	tu avais été
il était	il avait été
nous étions	nous avions été
vous étiez	vous aviez été
ils étaient	ils avaient été

Passé Défini	*Passé Antérieur*[2]
je fus, *I was*	j'eus été, *I had been*
tu fus	tu eus été
il fut	il eut été
nous fûmes	nous eûmes été
vous fûtes	vous eûtes été
ils furent	ils eurent été

[1] Exprime la simple antériorité. [2] Exprime l'immédiate antériorité.

Futur		Futur Antérieur		
je	serai, *I shall be,* etc.	j'aurai	été, *I shall have*	
tu	seras	tu auras	été	*[been*
il	sera	il aura	été	
nous	serons	nous aurons	été	
vous	serez	vous aurez	été	
ils	seront	ils auront	été	

Mode Conditionnel

Présent		Passé		
je	serais, *I should be*	j'aurais	été, *I should have*	
tu	serais	tu aurais	été	*[been*
il	serait	il aurait	été	
nous	serions	nous aurions	été	
vous	seriez	vous auriez	été	
ils	seraient	ils auraient	été	

Mode Subjonctif

Présent		Passé		
(que) je	sois, *(that) I (may)*	(que) j'aie	été, *(that) I*	
(que) tu	sois	*[be*	(que) tu aies	été	*[(may)*
(qu') il	soit	(qu') il ait	été *[have been*	
(que) nous	soyons	(que) nous ayons	été	
(que) vous	soyez	(que) vous ayez	été	
(qu') ils	soient	(qu') ils aient	été	

Imparfait		*Plus-que-parfait		
(que) je	fusse, *(that) I (might) be*	(que) j'eusse	été, *(that) I (might) have been*	
(que) tu	fusses	(que) tu eusses	été	
(qu') il	fût	(qu') il eût	été	
(que) nous	fussions	(que) nous eussions	été	
(que) vous	fussiez	(que) vous eussiez	été	
(qu') ils	fussent	(qu') ils eussent	été	

* This tense is also used without **que** as a second past of the conditional.

Impératif

sois, *be*
soyons, *let us be*
soyez, *be*

(Pour les formes "let him (them) be, etc.," on emploie le subjonctif **qu'il ait, qu'ils aient.**)

4. LES TROIS CONJUGAISONS RÉGULIÈRES

A. — Temps Simples

Infinitif

Présent	*Présent*	*Présent*
donner, *to give*	**finir**, *to finish*	**rompre**, *to break*

Participes

Présent	*Présent*	*Présent*
donnant, *giving*	**fin(iss)ant**, *finishing*	**rompant**, *breaking*

Passé	*Passé*	*Passé*
donné, *given*	**fini**, *finished*	**rompu**, *broken*

Mode Indicatif

Présent	*Présent*	*Présent*
je donne, *I give, am giving*	**je finis**, *I finish, am finishing*	**je romps**, *I break, am breaking*
tu donnes	**tu finis**	**tu romps**
il donne	**il finit**	**il rompt**[1]
nous donnons	**nous finissons**	**nous rompons**
vous donnez	**vous finissez**	**vous rompez**
ils donnent	**ils finissent**	**ils rompent**

[1] Les verbes dont le radical finit en **c, d, t,** n'ajoutent pas de **t.**

Imparfait	*Imparfait*	*Imparfait*
je donnais, *I was giving, used to give,* etc.	je finissais, *I was finishing, used to finish,* etc.	je rompais, *I was breaking, used to break,* etc.
tu donnais	tu finissais	tu rompais
il donnait	il finissait	il rompait
nous donnions	nous finissions	nous rompions
vous donniez	vous finissiez	vous rompiez
ils donnaient	ils finissaient	ils rompaient

Passé Défini	*Passé Défini*	*Passé Défini*
je donnai, *I gave*	je finis, *I finished*	je rompis, *I*
tu donnas	tu finis	tu rompis [*broke*
il donna	il finit	il rompit
nous donnâmes	nous finîmes	nous rompîmes
vous donnâtes	vous finîtes	vous rompîtes
ils donnèrent	ils finirent	ils rompirent

Futur	*Futur*	*Futur*
je donnerai, *I shall give*	je finirai, *I shall finish*	je romprai, *I shall break*
tu donneras	tu finiras	tu rompras
il donnera	il finira	il rompra
nous donnerons	nous finirons	nous romprons
vous donnerez	vous finirez	vous romprez
ils donneront	ils finiront	ils rompront

Mode Conditionnel

je donnerais, *I should give*	je finirais, *I should finish*	je romprais, *I should break*
tu donnerais	tu finirais	tu romprais
il donnerait	il finirait	il romprait
nous donnerions	nous finirions	nous romprions
vous donneriez	vous finiriez	vous rompriez
ils donneraient	ils finiraient	ils rompraient

Mode Subjonctif

Présent	*Présent*	*Présent*
(que) je donne, *that I may give*	(que) je finisse, *that I may finish*	(que) je rompe, *that I may break*
(que) tu donnes	(que) tu finisses	(que) tu rompes
(qu') il donne	(qu') il finisse	(qu') il rompe
(que) nous donnions	(que) nous finissions	(que) nous rompions
(que) vous donniez	(que) vous finissiez	(que) vous rompiez
(qu') ils donnent	(qu') ils finissent	(qu') ils rompent

Imparfait	*Imparfait*	*Imparfait*
(que) je donnasse, *that I might give*	(que) je finisse, *that I might finish*	(que) je rompisse, *that I might break*
(que) tu donnasses	(que) tu finisses	(que) tu rompisses
(qu') il donnât	(qu') il finît	(qu') il rompît
(que) nous donnassions	(que) nous finissions	(que) nous rompissions
(que) vous donnassiez	(que) vous finissiez	(que) vous rompissiez
(qu') ils donnassent	(qu') ils finissent	(qu') ils rompissent

Mode Impératif

Présent	*Présent*	*Présent*
donne, *give*	finis, *finish*	romps, *break*
donnons, *let's give*	finissons, *let's finish*	rompons, *let's break*
donnez, *give*	finissez, *finish*	rompez, *break*

(Pour les formes "let him (them) give, etc.," on emploie le subjonctif qu'il donne, qu'ils donnent, etc.)

B. — Temps Composés

Comme en anglais, à chaque temps simple correspond un temps composé (voyez **avoir**, 2).

Les temps composés sont formés de l'auxiliaire **avoir** (ou **être**) plus le participe passé du verbe que l'on conjugue.

Pour conjuguer un verbe aux temps composés, prenez les verbes **avoir** ou **être** aux temps simples, ajoutant le participe passé du verbe que vous conjuguez.

5. PARTICULARITÉS PHONÉTIQUES MODIFIANT L'ORTHOGRAPHE DE QUELQUES VERBES

(*a*) Les verbes en –**er** qui, comme **men er**, ont un **e** au radical le changent en **è** quand la syllabe suivante contient un autre son de **e** — cela pour éviter deux sons consécutifs de **e**:

ramener ('to take back'): nous ramenons; mais *nous ramènerons*, *je ramène*.

NOTE. — Pour quelques verbes, on ouvre cet **e** en doublant la consonne suivante:

1º Pour la plupart des verbes en –**eler** et –**eter**:

appeler ('to call'): *j'appelle, j'appellerai*
jeter ('to throw'): *je jette, je jetterai*

Cependant **acheter, geler** et quelques autres peu employés suivent (*a*) ci-dessus: j'achète, je gèle.

2º Pour la même raison, on double la consonne des verbes irréguliers **prendre, venir, tenir**:

prenant, mais *ils prennent*
venant, mais *que je vienne*

(*b*) Les verbes qui, comme **espér er**, ont un **é** au radical le changent en **è** quand il devient tonic:

répéter: *je répète* (tonic); mais *je répéterai*
acquérir: *qu'il acquière;* mais *il acquérait*

NOTE. — Excepté les verbes en –**éer**: créer, je crée — cet **e** ne se prononçant pas.

(*c*) Les verbes en **–cer** et en **–cevoir** changent le **c** en **ç** (*cédille*) devant **a, o, u,** pour le conserver doux:

> placer: *nous plaçons;* recevoir: *j'ai reçu*

Pour une raison analogue, les verbes en **–ger** prennent un **e** après **g** devant une terminaison commençant par **a** ou **o:**

> manger: *nous mangeons, je mangeais*

(*d*) Le groupe $\begin{cases} \textbf{oy, uy, ay} \text{ ou} \\ \textbf{oi, ui, ai:} \end{cases}$

Ce groupe s'écrit avec **i** devant une consonne ou **e** muet, dans les autres cas, avec **y:**

> employer: j'emplo*i*e, emplo*i*erai; mais emplo*y*ons
> ennuyer: j'ennu*i*e, ennu*i*erai; mais ennu*y*ais

Notes. — 1° Dans les verbes en **–ayer** les deux formes sont encore en usage:
payer: il pa*i*era *ou* pa*y*era

2° La particularité (*d*) est générale et s'applique à tous les verbes:

> voir: je vo*i*s, qu'il vo*i*e; mais vo*y*ant
> fuir: je fu*i*s, qu'il fu*i*e; mais je fu*y*ais
> avoir: que j'*ai*e; mais *ay*ant
> être: que je s*oi*s; mais que nous s*oy*ons

6. FORMATION DES TEMPS PAR DÉRIVATION

Si l'on sait les cinq temps primitifs ("five principal parts") d'un verbe, on peut en former les autres temps de la manière suivante:

(Les seuls verbes qui font exception à ces règles sont donnés liste I, ci-après.)

(*a*) *L'infinitif* forme:

1° Le futur en ajoutant les terminaisons:

> **ai, as, a, ons, ez, ont.** — Je *parler*ai, etc.,

qui viennent du présent de l'indicatif du verbe **avoir.**

Note. — Les infinitifs en **–re** perdent cet **e** final: (vendre) *vendrai.*

2° Le conditionnel en ajoutant les terminaisons:

> **ais, ais, ait, ions, iez, aient.** — Je *parler*ais, etc.,

qui sont aussi les terminaisons de l'imparfait.

NOTE. — Le conditionnel de *tout* verbe ne diffère donc de son futur que par les terminaisons. Le futur étant connu, le conditionnel l'est donc aussi.

(b) *Le participe présent*, omettant **ant**, forme:

1° Le pluriel du présent indicatif avec les terminaisons:

ons, ez, ent. — (*parl*ant) nous *parl*ons, etc.

2° L'imparfait de l'indicatif avec les terminaisons:

ais, ais, ait, ions, iez, aient. — Je *parl*ais, etc.

(Seuls les verbes **avoir** et **savoir** font exception.)

3° Le présent du subjonctif avec les terminaisons:

e, es, e, ions, iez, ent. — Que je *parl*e, etc.

(c) *Le présent de l'indicatif* donne l'impératif. On omet les pronoms sujets: ~~tu~~ prends, ~~nous~~ prenons, ~~vous~~ prenez.

NOTES. — 1° Seuls les verbes **avoir**, **être**, **savoir**, **vouloir** font exception.

2° Tous les verbes en –**er** et quelques verbes en –**ir**: *ouvrir*, *cueillir*, etc., qui ont aussi leur présent en –**e** (*tu ouvres*), suppriment **s** de la 2ème personne du singulier, excepté devant les pronoms **y** ou **en**:

Va à Paris, *vas-y*. *Cueille* des fleurs, *cueilles-en*.

(d) *Le participe passé* s'ajoute aux temps simples de **avoir** ou **être** pour former tous les temps composés. (Voyez 4 B.) — J'ai *parlé*, etc.

(e) *Le passé défini* de *tout* verbe forme l'imparfait du subjonctif. On prend la seconde personne du singulier, on y ajoute:

se, ses, *^t, sions, siez, sent

(* Cet ^ remplace **s**.)

— (tu parlas): que je *parl*asse, qu'il *parl*ât.

NOTE. — *Le passé défini* est en: aï, as, a, âmes, âtes, èrent
ou en: is, is, it, îmes, îtes, irent
ou en: us, us, ut, ûmes, ûtes, urent

La forme de la 1ère personne étant donnée listes I et II, continuez les autres. **Venir** et **tenir** font: je *vins*, tu *vins*, il *vint*, nous *vînmes*, vous *vîntes*, ils *vinrent*.

7. MÉTHODE GÉNÉRALE POUR PRATIQUER LES VERBES

Les verbes irréguliers sont classés en deux listes:

(*a*) Liste I. — Seuls les verbes de cette liste offrent des exceptions aux règles de formation en 6 ci-dessus. Ces exceptions sont données sous chaque verbe.

(*b*) Liste II. — Tous les verbes de cette liste suivent entièrement les règles de formation en 6, mais leurs cinq temps primitifs sont donnés parce que plusieurs de ces cinq temps diffèrent des modèles réguliers **parler**, **finir** ou **vendre**. Par exemple, le participe présent de **dormir**, **dormant**, n'est pas sur le modèle de celui de *finir* (**finissant**).

Manière de procéder pour tout verbe

D'abord. Cherchez liste I. Si le verbe est dans cette liste, remarquez les irrégularités. Les temps qui ne sont pas donnés suivent les règles de formation en 6.

Ensuite. Si le verbe n'est pas liste I, cherchez liste II pour en avoir les cinq temps primitifs et formez les autres temps suivant les règles en 6.

Les verbes qui ne sont ni liste I, ni liste II (ni liste III pour les verbes défectifs), sont entièrement sur les modèles réguliers **parler**, **finir**, **vendre** (ou **rompre**).

LISTE I (Voyez 7, *a*)

Remarques générales. — 1° Inutile de donner ici le conditionnel; voyez pourquoi, 6, *a*.

2° A moins d'indication contraire, les composés d'un verbe, formés d'un *préfixe+le verbe radical*, se conjuguent comme ce verbe: *revenir*, comme **venir**, etc.

3° Se conjuguent de la même manière: tous les verbes en **–cevoir**, tous les verbes en **–indre**, les verbes en **–uire** (excepté **luire**, **nuire**).

For **avoir** and **être** see pages 157, 160.

LISTE I (*Suite*)

INFINITIVE	PRES. PAR- TICIPLE	PRES. INDIC- ATIVE	PAST PAR- TICIPLE	PAST DEFINITE (See 6, *e*)
Aller (*to go*)	**allant**	**je vais**	**allé**	**j'allai**

Present Indicative   *Future*   *Subjunctive*

je vais	nous allons	j'irai	nous irons	que j'aille	nous allions
tu vas	vous allez	-as	-ez		-es	-iez
il va	ils vont	-a	-ont		-e	aillent

Envoyer (*to send*)	**envoyant**	**j'envoie**	**envoyé**	**j'envoyai**

Future
j'enverrai

(Except **aller, envoyer,** all verbs in –er are after the model of **parler.**)

Acquérir (*to acquire*)	**acquérant**	**j'acquiers**	**acquis**	**j'acquis**

Present Indicative   *Subjunctive*

j'acquiers	nous acquérons	que j'acquière	nous acquérions
-s	-ez	-es	-iez
-t	acquièrent	-e	acquièrent

Future
j'acquerrai

(**conquérir** (*to conquer*), same root, same way.)

Asseoir (*to seat*) { **assoyant** **j'assois** (*or*) (*or*) **asseyant** **j'assieds** } **assis** **j'assis**

Present Indicative   *Subjunctive*

j'assois	nous assoyons (*or*) j'assieds	nous asseyons
-s	-ez	assieds	-ez
-t	-ent	assied	-ent

Subjunctive   *Future*
j'assoie (*or*) asseye   j'assoirai (*or*) assiérai (*or*) asseyerai

For [**seoir**] see list III.

Boire (*to drink*)	**buvant**	**je bois**	**bu**	**je bus**

Present Indicative   *Subjunctive*

je bois	nous buvons	que je boive	nous buvions
-s	-ez	-es	-iez
-t	boivent	-e	boivent

LISTE I (*Suite*)

INFINITIVE	PRES. PARTICIPLE	PRES. INDICATIVE	PAST PARTICIPLE	PAST DEFINITE (See 6, *e*)
Courir (*to run*)	courant	je cours	couru	je courus

Future
je courrai

| Cueillir { (*to gather*) (*to pluck*) | cueillant | je cueille | cueilli | je cueillis |

Present Indicative		*Future*
je cueille	nous cueillons	je cueillerai
-es	-ez	
-e	-ent	

| Devoir { (*to owe*) (*must*, etc.) | devant | je dois | dû { dus due dues | je dus |

Present Indicative		*Future*	*Subjunctive*	
je dois	nous devons	je devrai	que je doive	nous devions
-s	-ez		-es	-iez
-t	doivent		-e	doivent

| Dire (*to say*) and Redire | disant | je dis | dit | je dis |

Present Indicative	
je dis	nous disons
-s	dites
-t	disent

Other compounds have the 2d pers. plur. indicative regular: **vous prédisez, médisez.** For **Maudire,** see list II.

| Falloir { (*to be necessary*) (*must*) | (no pres. part.) | il faut | fallu | il fallut |

Imperfect	*Future*	*Subjunctive*
il fallait	il faudra	qu'il faille

| Faire { (*to do*) (*to make*) | *faisant | je fais | fait | je fis |

Present Indicative		*Future*	*Subjunctive*
je fais	nous faisons	je ferai	que je fasse
-s	faites		
-t	font		

* (**fai–** is pronounced **fe,** also in its derived tenses.)

LISTE I (*Suite*)

INFINITIVE	PRES. PARTICIPLE	PRES. INDICATIVE	PAST PARTICIPLE	PAST DEFINITE (See 6, *e*)
Mourir (*to die*)	**mourant**	**je meurs**	**mort**	**je mourus**

(Compound tenses with **être**)

Present Indicative   *Subjunctive*

je meurs	nous mourons	que je meure	que nous mourions
-s	-ez	-es	-iez
-t	meurent	-e	meurent

Future

je mourrai

Mouvoir (*to move*)	**mouvant**	**je meus**	**mû** $\begin{cases} \text{mus} \\ \text{mue} \\ \text{mues} \end{cases}$ **je mus**

Present Indicative   *Subjunctive*

je meus	nous mouvons	que je meuve	que nous mouvions
-s	-ez	-es	-iez
-t	meuvent	-e	meuvent

Future

je mouvrai

Its compounds have no ^ on the past participle. **Promouvoir** is used only in compound tenses.

Pleuvoir (*to rain*)	**pleuvant**	**il pleut**	**plu**	**il plut**

Future

il pleuvra

Pouvoir $\begin{cases} (can, may) \\ (to\ be\ able) \end{cases}$	**pouvant**	**je peux pu** (or **je puis**, 1st pers. only)	**je pus**

Present Indicative   *Future*   *Subjunctive*

je peux (*or* puis)	nous pouvons	je pourrai	que je puisse
peux	-ez		
peut	peuvent	(No imperative)	

Prendre (*to take*)	**prenant**	**je prends pris**	**je pris**

Present Indicative   *Subjunctive*

je prends	nous prenons	que je prenne	que nous prenions
prends	prenez	-es	-iez
prend	prennent	-e	prennent

LISTE I (*Suite*)

INFINITIVE	PRES. PARTICIPLE	PRES. INDICATIVE	PAST PARTICIPLE	PAST DEFINITE (See 6, *e*)
Recevoir (*to receive*) (and all verbs in **–cevoir**)	**recevant**	**je reçois**	**reçu**	**je reçus**

Present Indicative

		Subjunctive	
je reçois	nous recevons	que je reçoive	que nous recevions
reçois	-ez	-es	-iez
reçoit	reçoivent	-e	reçoivent

Future
je recevrai

Savoir (*to know*)	**sachant**	**je sais**	**su**	**je sus**

Present Indicative   *Future*   *Imperative*

je sais	nous savons	je saurai	sache, sachons, sachez
-s	-ez		
-t	-ent	*Imperfect Indicative*	
		je savais	

Tenir (*to hold*)	**tenant**	**je tiens**	**tenu**	**je tins**

Present Indicative

		Subjunctive	
je tiens	nous tenons	que je tienne	que nous tenions
-s	-ez	-es	-iez
-t	tiennent	-e	tiennent

Future
je tiendrai

Venir (*to come*)   (like **tenir**; but compound tenses with **être**)

Valoir (*to be worth*)	**valant**	**je vaux**	**valu**	**je valus**

Present Indicative

		Subjunctive	
je vaux	nous valons	que je vaille	que nous valions
-x	-ez	-es	-iez
-t	-ent	-e	vaillent

Future
je vaudrai

Prévaloir (*to prevail*), (like **valoir**) except the subjunctive, which is regular: que je prévale, etc.

LISTE I (*Suite*)

INFINITIVE	PRES. PARTICIPLE	PRES. INDICATIVE	PAST PARTICIPLE	PAST DEFINITE (See 6, *e*)
Voir (*to see*)	**voyant**	**je vois**	**vu**	**je vis**

Present Indicative		*Future*
je vois· nous voyons.		je verrai
-s -ez		
-t voient		

Prévoir (*to foresee*) and **pourvoir** (*to provide*) have a regular future; see list II.

Vouloir (*to will*)	**voulant**	**je veux**	**voulu**	**je voulus**

Present Indicative		*Subjunctive*	
je veux nous voulons		que je veuille que nous voulions	
-x -ez		-es -iez	
-t veulent		-e veuillent	

Future

je voudrai

Two imperative forms: one regular, rarely used; for the other: veuille, veuillons, veulliez.

LISTE II (Voyez 7, *b*)

INFINITIVE	PRESENT PARTICIPLE	PRESENT INDICATIVE	PAST PART.	PAST DEF. (See 6, *e*)
Assaillir (*assail*)	assaillant	j'assaille	assailli	j'assaillis

Tressaillir: same root, same way. Present indicative in **e, es, e.**

Bouillir (*boil*) .	bouillant	je bous	bouilli	je bouillis
Dormir (*sleep*)	dormant	je dors	dormi	je dormis
Fuir (*flee*)	fuyant	je fuis	fui	je fuis
Haïr (*hate*)	haïssant	je hais	haï	je haïs

(No dieresis in the singular of the present indicative and imperative.)

| **Ouvrir** (*open*) | ouvrant | j'ouvre | ouvert | j'ouvris |

In the same way: **couvrir, offrir, souffrir.** Present indicative in **e, es, e.**

LISTE II (*Suite*)

Infinitive		Present Participle	Present Indicative	Past Part.	Past Def. (See 6, *e*)
Partir	(*set out*)	partant	je pars	parti	je partis

In the same way: **mentir, se repentir, dormir, servir, sortir, sentir**
But: **asservir** like **finir**

Vêtir	(*clothe*)	vêtant	je vêts	vêtu	je vêtis
Prévoir	(*foresee*)	prévoyant	je prévois	prévu	je prévis
Pourvoir	(*provide*)	pourvoyant	je pourvois	pourvu	je pourvus
Surseoir	(*delay*)	sursoyant	je sursois	sursis	je sursis
Absoudre	(*absolve*)	absolvant	j'absous	absous (-te)	(none)

Dissoudre, in the same way.

Circoncire	(*circumcise*)	circoncisant	je circoncis	circoncis	je circoncis
Conclure	(*conclude*)	concluant	je conclus	conclu	je conclus

In the same way: **exclure**. — **Inclure** has for past part. **inclus.**

Conduire	(*conduct*)	conduisant	je conduis	conduit	je conduisis

And all verbs in –uire (except **luire, nuire**): **construire, instruire, produire, détruire, traduire, cuire,** etc.

Confire	(*preserve*)	confisant	je confis	confit	je confis
*Connaître	(*know*)	connaissant	je connais	connu	je connus

paraître and their compounds, same way. — Also **se repaître** (*feed, feast*)

Coudre	(*sew*)	cousant	je couds	cousu	je cousis
Craindre	(*fear*)	craignant	je crains	craint	je craignis

And all verbs in –indre: **peindre, teindre, atteindre, plaindre, joindre, éteindre, ceindre,** etc.
The third pers. sing. of the present indicative ends with t: **il peint.**

Croire	(*believe*)	croyant	je crois	cru	je crus
*Croître	(*grow*)	croissant	je croîs	crû	je crûs
Écrire	(*write*)	écrivant	j'écris	écrit	j'écrivis
Lire	(*read*)	lisant	je lis	lu	je lus
Luire	(*shine*)	luisant	je luis	lui	(none)
Maudire	(*curse*)	maudissant	je maudis	maudit	je maudis
Mettre	(*put, — on*)	mettant	je mets	mis	je mis

LISTE II (*Suite*)

INFINITIVE		PRESENT PARTICIPLE	PRESENT INDICATIVE	PAST PART.	PAST DEF. (See 6, *e*)
Moudre	(*grind*)	moulant	je mouds	moulu	je moulus
*****Naître**	(*be born*)	naissant	je nais	né	je naquis
Nuire	(*harm*)	nuisant '	je nuis	nui	je nuisis
*****Plaire**	(*please*)	plaisant	je plais	plu	je plus
Résoudre	(*resolve*)	résolvant	je résous	résolu	je résolus

The third person singular of the present indicative ends with t. The past participle **résous** (invariable) is used in chemistry.

Rire	(*laugh*)	riant	je ris	ri	je ris
Suffire	(*suffice*)	suffisant	je suffis	suffi	je suffis
Suivre	(*follow*)	suivant	je suis	suivi	je suivis
Taire (se)	(*be silent*)	taisant	je tais	tu	je tus
Traire	(*milk*)	trayant	je trais	trait	(none)
Vaincre	(*vanquish*)	vainquant	je vaincs	vaincu	je vainquis
Vivre	(*live*)	vivant	je vis	vécu	je vécus

* Verbs in -**aître**, -**oître**, keep the ^ on î before t. **Croître** takes a ^ on the last vowel in all its tenses written like those of **croire: il croît**, *he grows;* il croit, *he believes;* crû, cru. Also: **il plaît**, from **plaire**.

LISTE III: VERBES DÉFECTIFS

Certain archaic verbs, most of them of the *conjugaison morte* (dead), which have lost some of their forms, are called defective.

NOTES. — 1. When the past participle exists, one can form the compound tenses.

2. If the future is used, the conditional is also used.

3. If the past definite is used, the imperfect subjunctive is also used.

4. Some verbs are so archaic that their old infinitive is no longer used, as *****[gésir], *****[seoir], etc.

Quérir (*fetch*). Used in the infinitive only in: **aller** (or **envoyer**) **quérir**.

Férir (*strike*). **Sans coup férir**, *without striking a blow.* PAST PART.: **féru**.

Occire (*kill*). PAST PART.: **occis**.

Braire (*bray*). PRES. IND.: **il brait, ils braient**. FUT.: **il braira**.

Bruire (*rustle*). PRES. IND.: **il bruit**. IMPERF.: **il bruissait, ils bruissaient**.

LISTE III: VERBES DÉFECTIFS (*Suite*)

Clore (*close, shut*). PRES. IND.: je clos, –s, –t. FUT.: il clora.
SUBJ.: que je close, etc.

Éclore (*open, blow, be hatched*). PRES. IND.: il éclot, ils éclosent.
SUBJ.: qu'il éclose.

Écloper (*lame*). PAST PART.: éclopé.

Choir (*fall*). PAST PART.: chu.

Échoir (*fall, be due*). PAST PART.: échu. PRES. IND.: il échoit.
FUT.: j'écherrai, etc. PAST DEF.: j'échus, etc.

Frire (*fry*). PAST PART.: frit. PRES. IND.: je fris, –s, –t. FUT.:
il frira. IMPERAT.: fris. Other tenses: faire frire.

*[Gésir] (*lie*). PAST PART.: gît. PRES. IND.: il gît, nous gisons,
vous –ez, ils –ent. PRES. PART.: gisant. IMPERF.: je gisais,
etc.

Ouïr (*hear*). PAST PART.: ouï. PAST DEF.: j'ouis, etc. IMP.
SUBJ.: que j'ouïsse, etc.

Poindre (*dawn*). PAST PART.: point. PRES. IND.: il point. FUT.:
il poindra.

*[Seoir] (*become, fit*). PRES. IND.: il sied. PRES. PART.: seyant.
IMPERF.: il seyait. FUT.: il siéra.

*[Seoir] (*be situated, sit*). PRES. PART.: séant. PAST PART.: sis.

Sourdre (*spring up*). PRES. IND.: il (elle, *it*) sourd.

Paître (*graze*). Like **repaître**, list II, but has no past definite.

Faillir (*to fail, come near*). PAST PART.: failli. FUT.: faillira.
PAST DEF.: je faillis, etc.

Faire faillite = *to fail in business*, est beaucoup plus en usage.

Défaillir (*to faint*), like **assaillir**, list II.

Verbs having Double Form with a Different Meaning

Bénir, *to bless*, has as past participle **béni**; its former form **bénit** is used
only as an adjective.

The former form of **fleurir**, *to blossom*, "**florir**," gave the present participle
florissant and the imperfect **florissait**, in the figurative sense of *prosper*.

VOCABULAIRE

VOCABULAIRE

Note.—En conformité avec le vieil usage, ce vocabulaire est complet, mais les élèves auront à cœur de n'y recourir que pour les mots dont le sens ne ressort pas clairement du contexte.

Les verbes, sauf le cas de formes très irrégulières, sont donnés à la forme infinitive. On recourera alors page 157 et suivantes.

A

à, at, on, in, until, etc.
une **abondance**, abundance
abord: d'—, first (of all)
un **abri**, dug-out, shelter
abriter, to shelter
absent, –e, absent
accepter, to accept
acclamer, to acclaim, cheer
accompagner, to accompany
accord: être d'—, to be in agreement
accourir, to hasten up
accroupir (s'), to squat down
accueillir, to receive, welcome
un **achat**, purchase
acheter, to buy
achevé, –e, perfect
un **acte**, act
un **adieu**, good-by (*rather solemn, generally one says* **au revoir**)
un **adjoint**, assistant
une **administration**, managing
adopter, to adopt

une **adresse**, address
adresser (s'), to address, speak to
affirmer, to affirm
un **âge**, age; **quel — avez-vous?** how old are you?
aguets: l'œil aux —, on watch
une **aide**, aid, help
aider, to help
un **air**, appearance; **avoir l'—**, to seem
un **agent**, policeman
agiter, to wave, shake; **s'—**, to be waved
une **aiguille**, needle
ailleurs, elsewhere; **d'—**, moreover
aîné, –e, eldest (son, person, etc.)
ainsi, thus; **c'est — que**, it is thus
ajouter, to add
aligner, to line up
allemand, –e (*adj.*), German
Allemand, –e (*noun*), a German
aller, to go; **s'en —**, to go away

179

allonger (s'), to stretch oneself
Allons! Come!
alors, then
allumer, to light
l'Alsace (*f.*), Alsace
Alsacien, –ne, inhabitant of Alsace
amener, to bring
américain,–e (*adj.*), American
Américain, –e (*noun*), an American
l'Amérique (*f.*), America
ami, –e (*m., f.*), friend
un **amputé,** mutilated person
amuser, to amuse; **s'—,** to have a good time
un **an,** year
ange (*m. and f.*), angel
l'Angelus (*m.*) **de Millet,** a painting by Millet
anglais, –e (*adj.*), English; **l'anglais** (*m.*), the English language; **l'écriture anglaise,** current handwriting
une **année,** year (*used with* **dans, durant, pendant,** *etc., which imply:* in the course of the year)
anniversaire (*adj.*), anniversary
annoncer, to announce, tell
apercevoir, to see; **s'— de,** to notice
une **apothéose,** apotheosis
A. P. O. = American Post Office
apparaître, to appear

une **apparition,** apparition
appeler, to call; **s'—,** to be called *or* named
un **appendice,** appendix
un **appétit,** appetite
applaudir, to applaud
une **application,** application
appliquer, to apply
apporter, to bring
apprendre, to learn, teach
un **apprentissage,** apprenticeship
approcher, to approach
approuver, to approve
appuyer sur, to dwell on, emphasize
après, after; **d'—,** after
après-midi (*m. and f.*), afternoon
une **aptitude,** aptitude
un **arbre,** tree; **— de Noël,** Christmas-tree
un **arc de triomphe,** triumphal arch
argent (*m.*), money; silver
l'Argonne (*f.*), hilly district of Eastern France
un **argot,** slang
une **arme,** weapon; arms
une **armée,** army; **l'— du Salut,** the Salvation Army
un **armistice,** armistice
un **arrêt,** stop
arrêter, to stop; **s'—,** to stop
l'arrière (*m.*), rear
une **arrivée,** arrival
arriver, to arrive
artifice: feu (*m.*) **d'—,** fireworks

une **artillerie,** artillery

un **assaut,** assault

asseoir, to seat; **s'—,** to sit down

assez, enough; rather

une **assiette,** plate

assis, –e (*past part. of* **asseoir**), seated, sitting; **— sur ses talons,** seated in tailor fashion

une **attaque,** attack

atteindre, to reach

attendre, to wait (for); **s'— à,** to expect

une **attention,** attention; **Attention!** Look out!

attraper, to catch

au *for* à+le

aucun –e, no (none)

aujourd'hui, to-day

un **aumônier,** chaplain

un **au revoir,** good-by

une **aurore,** dawn

aussi, also, too

autant (de), as much, as many, the same number, so much

une **autorité,** authority

autour, around

autre, other; **d'—s,** others

autrefois, formerly

avaler, to swallow

avant, before (*of time*); **en —,** ahead, in front; **En —!** Forward!; **bien —,** long before

avec, with

un **avènement,** coming

un **avenir,** future

aveugle, blind

un **avion,** aëroplane

avoir, to have; **— faim,** to be hungry; **— soif,** to be thirsty; **— froid,** to be cold; **y —,** ago, to be there; **qu'y a-t-il?** what's the matter?; **— douze ans,** to be twelve years old; **— sommeil,** to be sleepy; **— le sens d'une situation,** to be master of a situation; **— besoin de,** to need; **— raison,** to be right; **on les aura!** we shall get them!

B

la **baignoire,** bath-tub

la **baïonnette,** bayonet

le **baiser,** kiss

baisser, to lower; to sink (*of the sun,* etc.)

la **balance,** balance

la **balle,** bullet

le **bambin,** child

le **bandage,** bandage

la **bande,** band

la **baraque,** hut

la **barbe,** beard

la **barre,** bar

barrer, to bar, block

le **bas,** bottom; stocking; **au —,** at the bottom

la **bataille,** battle

le **bateau,** boat

bâtir, to build

le **bâton,** stick

la **batterie,** battery

battre (se), to fight

la **Bavière**, Bavaria
la **Beauce**, a district of France
beaucoup, much, many, very much, etc.
la **beauté**, beauty
béni, –e, blessed
bénir, to bless
la **béquille**, crutch
bercer, to rock
le **béret**, tam o'shanter
le **besoin**, need
la **bête**, beast, animal
le **beurre**, butter
la **bible**, Bible
bien, well, very; — des . . ., many . . .; (*often used for emphasis*)
bientôt, soon; à —, good-by
bienvenu, –e: être le (la) —, to be welcome
le **bijou** (*pl.* –x), jewel
le **billet**, ticket
blanc (**blanche**), white
blanchir, to whiten
blême, pale
le **blessé**, wounded man
la **blessure**, wound
bleu, –e, blue
le **bœuf**, beef; — en **conserve**, corned beef
boire, to drink
le **bois**, wood
la **boîte**, box
boiteux, –se, unsteady
la **bombance**, good cheer
le **bonnet**, cap; — de police, overseas cap
le **bord**, rim, edge; à —, on board
border, to tuck in (*of a bed*)

la **bordure**, hedge
borgne, one-eyed
borner, to limit
la **botte**, bunch
la **bouche**, mouth
boucher, to fill, obstruct
la **boue**, mud
boueux, –se, muddy.
le **bouquet**, bouquet, bunch; — d'un feu d'artifice, the masterpiece (design)
le **bout**, end, scrap, tip; — des doigts, finger tips
la **bouteille**, bottle
le **bouton**, button
la **bouvière**, cowherd (*f.*)
le **braconnier**, poacher
le **brancardier**, stretcher-bearer
la **branche**, branch
le **bras**, arm
brave, brave; (*noun*) hero
la **bravoure**, bravery
bref (**brève**), *adj.*, short; *adv.*, in short
la **Bretagne**, Brittany
breton, –ne (*adj.*), Breton
la **broche**, brooch
le **bruit**, noise
brûlé, –e, burnt
brun, –e, brown
le **buffet**, sideboard; station-restaurant
le **bureau**, office, store, desk

C

ça, *familiar form of* **cela**
çà et là, here and there
cacher, to hide

le **cadeau**, present, gift

le **cadre**, frame

le **café**, restaurant, café; coffee

le **cahier**, note-book

la **caisse**, box, case; cash box *or* accounts

le **caissier**, cashier

le **calcul**, calculation

calme, calm

camarade (*m. and f.*), comrade

le **camp**, camp; *see* **lever**

la **campagne**, campaign, country

le **campement**, camp

la **canne**, cane

le **canon**, cannon, barrel (*of a rifle*)

la **cantinière**, canteen worker

le **cantonnement**, camp

le **cap**, cape

le **capitaine**, captain

capricieux, **-se**, capricious

car, because, for

carillonner, to ring, peal

la **carotte**, carrot

le **carnet**, note-book

carré, **-e**, square

le **carrefour**, cross-road

la **carrière**, quarry

la **carte**, map

la **carte postale**, post-card

Cartier (**Jacques**). 1491–1557. French navigator born in Saint-Malo; explored Canada in 1534

le **cas**, case

le **casque**, helmet

casser, to break

cause: à — de, because

la **causerie**, talk

ce (**cet**, **cette**, **ces**), *demonst. adject.*, this, that, these, those; —+**être**, he, she, it, they+to be

ce, **c'**, *demonst. pron.*, it, he, she, they, this, that, these, those; — **qui** (*subject*), what, that which; — **que** (*object*), what, that which

ceci, *demonst. pron.*, this (thing)

cela, *demonst. pron.*, that (thing)

célèbre, famous

la **célébrité**, celebrity

celui (**-ci**, **-là**), **celle**, **ceux**, **celles**, *demonst. pron.*, this, the one, this one, these, that, that one, those; — **qui**, etc., he who, the one who *or* which, etc.

la **cendre**, ash

cent (*m.*), one hundred

centaine: une — (**de**), about one hundred

centenaire (*adj.*), centuries old

le **centime** (5 —s = 1 cent)

le **cercle**, circle

la **cérémonie**, ceremony

certain, **-e**, certain, sure; —**s**, some, various

certifier, to certify

cesser, to stop

chacun, **-e**, *ind. pron.*, each, each one

la **chaise**, chair
le **champ**, field
la **Champagne**, Champagne, a district in France
la **chance**, luck
changer, to change
le **chansonnier**, composer of songs
le **chant**, song
chanter, to sing
le **chapeau**, hat; — **mou**, soft hat
chaque, *ind. adj.*, each, every
le **char d'assaut**, tank
charger, to load; **se — de**, to take charge of
chassé, –e, person driven out
châtain, –e, auburn
le **château**, castle
Chateaubriand (François-René), 1768–1848, famous French writer born in Saint-Malo
chaud, –e, warm
chauffer, to warm
la **chaussette**, sock
le **chemin**, way, road; — **-de-fer**, railway; **à mi-—**, half way
la **cheminée**, chimney, fireplace
la **chemise**, shirt
le **chêne**, oak
le **chèque**, check
cher, –ère, dear; expensive
chercher, to look for; think
le **cheval** (*pl.* **–aux**), horse

le **chevalet**, rack, easel
le **chevet**, head of a bed
les **cheveux** (*m.*), hair
la **cheville**, ankle
le **chevron**, chevron
chez moi (toi, lui, elle, nous, vous, eux, elles), at my (etc.) home, house, etc.
le **chocolat**, chocolate
choisir, to choose
la **chose**, thing; **quelque —** (*ind. pron. m.*), something
le **chou-fleur**, cauliflower
ci-après, hereafter
ci-dessous, below
ci-dessus, above
le **cidre**, cider
le **ciel**, sky, heaven
le **cigare**, cigar
la **cigarette**, cigarette
cinq, five
cinquante, fifty
circonstance: de —, of the occasion
la **citadelle**, citadel
la **civière**, stretcher
clair, –e, clear
le **clairon**, bugle
claquer des dents, to chatter
la **classe**, class
la **clinique**, clinic
la **cloche**, bell
le **clocher**, church tower, belfry
le **clos**, enclosure (yard)
le **clou**, nail
clouer, to nail

le **cœur**, heart; **avoir le —
gros**, to be grieved

**coiffé, –e: — d'un cha-
peau**, wearing a hat

le **coin**, corner

le **colis**, parcel

collectif, –ve, collective

la **collection**, collection

le **collège**, college

le **collet**, snare

la **colline**, little hill

la **colonne**, column

combien, how much *or*
many

le **commandant**, major, com-
manding officer

commander, to order, com-
mand

comme, as, like; **—! how!**

commémoratif, –ve, me-
morial

le **commencement**, beginning

comment, how; **— donc!**
yes, indeed!

le **commissaire**, chief of
police

communier, to be in com-
munion with

la **compagne**, companion;
wife (*in the text*)

le **compagnon**, companion

la **compagnie**, company

le **compartiment**, compart-
ment

comprendre, to under-
stand

le **compte**, account

compter, to count

la **concentration**, concentration

le **conducteur**, la **conductrice**,
conductor

conduire (à), to conduct,
take (to)

confortable, comfortable

le **congé**, leave

le **conseiller**, councillor

conséquent: par —, hence,
consequently

la **consigne**, orders

consigné, confined to
quarters

constituer, to form

construire, to construct,
build

le **conte**, story, tale, short
novel

contenir, to contain

content, –e, pleased

contenter, to satisfy

continuer, to continue

contraire, opposite, con-
trary; **le —**, the opposite; **au —**, on the con-
trary

le **contrevent**, shutter

convenir, to suit, be prop-
er; **— de**, to agree upon

le **corps**, corps; **— expéditionnaire américain**,
American Expedition-
ary Forces

la **correction**, correctness (of
manners)

corriger, to correct

la **côte**, shore, coast

le **côté**, side; **à — (de)**, near
(by)

coucher (se), to lie down,
go to bed

le **coude**, elbow
la **couleur**, color
le **coup**, blow; — **d'œil**, glance; — **de grâce**, finishing blow
le **courage**, courage; —! cheer up!
le **courant**, current
courir, to run
le **courrier**, mail
court, –e, short
la **courtoisie**, courtesy
la **couture**, seam
la **couverture**, blanket
couvrir, to cover
la **craie**, chalk
craquer, to crack
la **crème**, cream
crépusculaire (*adj.*), twilight
le **cresson**, watercress
creux, –se (*adj.*), hollow; **le —** (*noun*), hollow
crever, to burst
le **cri**, cry
cribler, to riddle
crier, to cry (out)
croire, to believe
la **croisade**, crusade
croiser, to fold, cross
la **croix**, cross
crotté, –e, covered with mud
la **croûte**, crust
cueille *from* **cueillir**, to pick
la **cuiller** *or* **cuillère**, spoon
cuire *or* **faire —**, to cook
la **cuisine**, kitchen
culbuter, to upset

la **culotte**, breeches
cultivé, –e, cultivated
curieux, –se, curious

D

dans, in, into
danser, to dance
la **date**, date
daté, –e, dated
Daudet (Alphonse), French novelist, XIXth century
davantage, more
de, of, from, with, etc.
le **débarquement**, disembarkment
débarquer, to disembark
debout (*adv.*), standing; —! stand up!
le **début**, beginning
décembre (*m.*), December
décider, to decide
décisif, –ve, decisive
décorer, to decorate
découvrir, to uncover; **se —**, to take off one's hat
décrire, to describe
dedans, inside (of it)
défendre, to defend
le **défilé**, procession
défiler, to defile
dégeler, to thaw
déjà, already
déjeuner, to take breakfast
la **délivrance**, deliverance
demain, to-morrow
demander, to ask (for)
démarrer, to start (*of a train*, etc.)

demeurer, to live

demi, –e, half; à —, half; une — -heure, half an hour

la demoiselle, young lady

démordre de, to give in

la dent, tooth; riant de toutes leurs —s, laughing heartily

dépaillé, –e, worn-out straw

le départ, departure

dépêcher (se), to hurry

la dépense, expenditure

déposer, to put, discharge

dépouiller, to skin

depuis, since; for

dernier, –ère, last

dérouler, to unroll

derrière, behind

des for de+les, some, of the

dès, as soon as, from, as early as

descendre, to get off, alight

désert, –e, deserted

la désespérance, despair

déshabiller (se), to undress

désirer, to wish or want

désolé, –e, desolated

le dessin, design

dessus, on it, above

le destinataire, receiver

détacher, to unfasten

le détail, detail

le détour, turn

détourner, to turn aside, avoid

détrempé, –e, soaked

deux, two

devant, in front of, before

devenir, to become

deviner, to guess

le devoir, duty

le dévouement, devotion

le dicton, saying, proverb

le Dieu, God

difficile, difficult

le dimanche, Sunday

la dimension, dimension, size

dîner, to have dinner

dire, to say, tell

direct, –e, direct

diriger (se), to go

la discipline, discipline

disparaître, to disappear

la disposition, disposal

la distance, distance

distribuer, to distribute

la distribution, distribution

la division, division

dix, ten

docilement, obediently

le doigt, finger

dominant, overlooking

donc, then, therefore

donner, to give

dont, of which, of whom, whose

doré, –e, golden, gilt; la dorée, the golden one

le dormeur, la dormeuse, sleeper

dormir, to sleep; va —, go to bed

double, double

douter, to doubt; se — de, to suspect

doux, douce, sweet

la douzaine, dozen; d'une — d'années, about twelve years old

le drap, sheet

le drapeau, flag

dresser, to set up; se —, to stand erect

le droit, right

droit, –e, right, erect

du *for* de+le, some, of the

dû (dus, due, dues), *past part. of* devoir

dûment, duly

durcir, to become hard

dur, –e, hard

durer, to last

E

une eau, water

éclabousser, to splash

une école, school; — supérieure, high-school

un écolier, school-boy

économe, economical, thrifty

un(e) écorché(e), a skinned person, etc.

écouter, to listen (to)

écrier (s'), to exclaim

écrire, to write; comment écrit-on ce mot? how do you spell that word?

une écriture, writing

effacé, –e, rendered invisible

effet: en —, in fact

une égratignure, scratch

eh bien! well!

un électricien, electrician

élégant, –e, elegant

élémentaire, elementary

élève (*m. and f.*), pupil

élever, to raise

elle, she, it, her

elliptique, elliptical

emballage, *see* papier

embarquer (s'), to sail, embark

embrasser, to kiss, embrace

embusqué, –e, concealed, hidden

émerger, to emerge, stick up

émerveillé, –e, amazed

une émotion, emotion

emparer: s'— de, to seize, take

une emphase, emphasis

emplir, to fill (up)

employer, to use

emporter, to take away, carry away

empourpré, –e, reddened

ému, –e, moved

en, *prep.*, in

en, *pron.*, of it, of them, for them; some, any (of it, of them); *used with verbs followed by* de

encadrer, to frame

un encension, censer

encerclé, –e, surrounded

enchanté, –e, delighted

enchanter, to please, delight

encombré, –e de, littered with

encore, yet, still, again, more, another, left

un **encrier,** inkstand

un **endroit,** spot, place

enfant (*m. and f.*), child

un **enfer,** hell

enfin, at last, finally

enflammer, to light up

enfoncer (s'), to sink in

enlever, to take off

ennuyer: s'— de, to long for

énorme, enormous

enrôler, to enlist

un **enseignement,** lesson

ensemble, together; **l'— de,** the assembly, mass of

ensuite, then, afterwards, next

entendre, to hear, understand, obey

entendu, agreed, all right; **bien —,** of course

un **enthousiasme,** enthusiasm

entier, –ère, entire; **la ... toute —,** the whole ...

entourer, to surround

entrecoupé, –e, interrupted

entreprendre, to undertake

entrer à *or* **dans,** to enter

une **enveloppe,** envelope

envelopper, to wrap, cover

une **envie,** desire; **avoir — de,** to wish to

envoyer, to send

épais, –se, thick

épatant, –e, great (*slang*)

une **épaule,** shoulder

une **épée,** sword

une **épervière,** kind of grass

épuisé, –e, exhausted

un **équipement,** equipment

une **équivoque,** ambiguity, doubt

une **ère,** era

un **espace,** space; **en plein —,** in the open

une **espérance,** hope

espérer, to hope

un(e) **espion(ne),** spy

essayer, to try

une **estrade,** platform

et, and

une **étable,** stable

établir, to establish

un **étage,** floor

une **étagère,** shelf

étaler, to display

une **étape,** halting-place

un **état,** state, condition

un **étau,** vice

un **été,** summer

éteindre, to go out (*of a fire,* etc.), to put out (*of a light*)

étendre, to extend; **s'—,** to stretch oneself

une **étoile,** star

étoilé, –e, starry, star-spangled

être, to be; **— en train de** +*inf.,* to be in the act of ...; **ça y est,** good, all right (it is finished)

étroit, –e, narrow

eu, *past part. of* **avoir**

eux, them (*after a prep.*);

they (*emphatic*); — aussi, so do (did, etc.) they

évanouir (s'), to vanish, disappear

éveiller, to wake up; s'—, to awake

un événement, event

excellent, —e, excellent

excuser, to excuse

exécuter, to perform, execute

un exercice, exercise

exilé, —e, exiled

exister, to exist

une explication, explanation

expliquer, to explain

exposer, to expose, explain

exprimer, to express .

une extrémité, end

F

face: en —, in front, opposite

facile, easy

le fagot, faggot, bunch of wood

faire, to do, make, be (*of weather*); — une promenade (à pied), to take a walk; — semblant de, to pretend to; — queue, to stand in line; — le plaisir, to give the pleasure; — une bonne traversée, to have a good crossing; — l'école, to conduct the school; — feu, to fire

le faisceau, stack, bundle (*of rifles*, etc.)

falloir, to be necessary; want, need

la famille, family; le nom de —, family name

fané, —e, faded

la fanfare, brass-band

la farine, flour

la faute, mistake

la femme, woman

fendre, to split

la fenêtre, window

la ferme, farm

fermer, to close

féroce, ferocious

la fête, feast, holiday (celebration)

le feu, fire, light; un — de bengale, a Bengal light

le feuillage, foliage

la feuille, sheet, leaf

fidèlement, faithfully

fier, —ère, proud

fièrement, proudly

la fièvre, fever

la figure, face

figuré, —e, figurative

le fil, thread

la file, file, procession

filer, to go fast (*of a train*, etc.)

le film, film

le fils, son

fin, —e, slender

fini, —e, finished

fixe, motionless

fixé, —e, attached

fixement, steadily; regarder —, to keep looking

la **flamme**, flame, fire
la **flanelle**, flannel
la **flaque**, puddle
la **flèche**, spire
la **fleur**, flower
flotter, to float
la **foi**, faith; **en** — **de quoi**, in witness whereof; (**par**) **ma** —, upon my word
la **fois**, time
la **fonction**, function
la **fontaine**, fountain
la **force**, strength; **rire de toutes ses** —**s**, to laugh heartily
la **forme**, form, shape; **dans les** —**s**, according to regulations
former, to form, make
fort, −**e**, strong; **avoir** — **à faire**, to have much to do
fou, **folle**, crazy
la **foule**, crowd
le **foyer**, home, hearth
la **fraîcheur**, freshness
frais, **fraîche**, cool, fresh
le **franc**, about 20 cents
Français (−**e**), Frenchman (Frenchwoman)
le **français** *or* la **langue française**, French (language)
la **France**, France
frayé, −**e**, broken, made (*of a path*, etc.)
frissonner, to shiver
frivole, frivolous
le **froid**, cold
le **fromage**, cheese

le **front**, forehead; front
la **fumée**, smoke
fumer, to smoke
le **fumeur**, smoker
la **fumisterie**, jest; (*in this text*) poor imitation
furtif, −**ve**, furtive
fus, *past definite of* **être**
la **fusée**, Roman candle
le **fusil**, rifle, gun
la **fusillade**, fusillade, volley
fut, *past definite of* **être**
le **fuyard**, fugitive

G

gagner, to earn
le **gaillard**, fellow
galant, gallant
la **galanterie**, kind *or* gallant act
la **gamelle**, mess-tin
le **gant**, glove
le **garçon**, boy
la **garde**, guard
garder, to keep; **garde à vous** (*military*), halt! attention!
la **gare**, station
gare à vous! look out for . . .! beware of!
la **garenne**, warren
le **garrot**, *see note, lesson* 20
le **gars**, boy (*popular*)
gâter, to spoil
la **gauche**, left; **du** —, with the left one
gaspiller, to waste
le **géant**, giant
geler, to freeze

le **génie: une compagnie du
 —,** a company of en-
 gineers (*military*)
le **genou** (*plur.* **–x**), knee;
 se mettre à —x, to
 kneel
les **gens** (*plur.*), people
 gentil, –le, nice, kind
 gentiment, daintily
le **géranium,** geranium
le **geste,** gesture
le **gîte,** shelter, home, lodg-
 ing
le **givre,** frost, frozen ·snow
 on the branches
la **glace,** ice; **une —,** an ice,
 ice-cream
 glacé, –e, icy
les **Glaneuses** (*f.*), a painting
 by Millet
 glisser, to slip
la **gloire,** glory
 gosse (*m. and f.*), kid,
 familiar for child
 goûter, to taste
 grand, –e, big, large; **la
 — nuit,** the dead of
 night
 grandir, to grow larger
 gratter, to scratch
 gravement, gravely, seri-
 ously
le **gredin,** rascal
 grimpant, –e, climbing
 gros, –se, big
 grouper, to assemble
 guère, *adv.,* scarcely
la **guerre,** war
le **gueux,** beggar, tramp
la **gymnastique,** gymnastics

H

(No linking or elision before such ***h**)

un **habit,** cloth
 habitable, livable, inhab-
 itable
un **habitant,** inhabitant
 habiter, to live
une **habitude,** habit
un ***hachi,** hash
une ***haie,** hedge
une **haleine,** breath
 *Halte! Halt!
une ***hampe,** flag-staff
un ***haricot,** bean; **—s verts,**
 string-beans
 *hasarder (se), to venture
une ***hâte: en —,** hastily
 *haut, –e, high, tall
une ***hauteur,** height
 *Hé! Hey! Hello!
une **herbe,** grass
 hésitant, –e, hesitating
une **hésitation,** hesitation
une **heure,** hour, o'clock; **de
 bonne —,** early
 heureusement, fortunate-
 ly
 heureux, –se, happy
une **histoire,** history, story
un **homme,** man
un **honneur,** honor
 honoré, –e, honored
un **horizon,** horizon
 *hors de, out of
un **hôte,** host
une **hôtesse,** hostess
un ***houx,** holly
 *huit, eight
 humain, –e, human

une **humanité**, humanity
humble, humble
une ***hutte**, hut
un **hymne**, hymn

I

ici, here; **par —**, this way
une **idée**, idea
une **identité**, identity
il, he
illuminé, **–e**, lighted
une **image**, picture
immense, immense
immobile, motionless
impatient, **–e**, impatient
imprenable, impregnable
impuissant, **–e**, powerless
un **incident**, incident
incliner (s'), to bow
inconnu, **–e**, unknown
inconsciemment, unconsciously
une **indépendance**, independence
indispensable, indispensable
indulgent, **–e**, indulgent
infiniment, *see* **merci**
une **infirmière**, trained nurse
informer (s'), to inquire
inquiet, **–ète**, anxious
insolent, **–e**, insolent
inspiré, **–e**, inspired
inspirer, to inspire
une **installation**, installation
installer, to install
un **instituteur**, schoolmaster
instruire (s'), to study, receive instruction

intelligent, **–e**, intelligent
interminablement, without end
un **interprète**, interpreter
un **interrogatoire**, examination (*in a courtroom*, etc.)
un(e) **invalide**, invalid, crippled person
une **invention**, invention
inverse (*adj.*), opposite, inverted
inviter, to invite
isolé, **–e**, isolated, alone
italique, italic

J

jamais, ever; **ne** (*verb*) **—**, never; **à —**; forever
la **jambe**, leg
le **jambon**, ham
le **jardin**, garden; **— d'enfants**, kindergarten
je, I
la **jetée**, pier
jeter, to throw; **— un cri**, to utter a cry
jeune, young
la **joie**, joy
joliment, prettily, very
la **joue**, cheek
jouer, to play
le **joujou** (*pl.* **–x**), toy
le **jour**, day; daylight; **le —**, during the day(time)
le **journal** (**–aux**), newspaper
la **journée**, day (*used with* **dans**, **durant**, **pendant**, etc., *which imply:* in the course of the day)

joyeux, –se, joyous
juillet (*m.*), July
juin (*m.*), June
la jupe, skirt
jusqu'à, as far as
justement, precisely
la justice, justice
justifier, to justify

L

l' (*euphonic letter before* on, *optional in prose*)
la, the
là, *adv.*, there; — -bas, yonder; tout — -bas, away over there; —-haut, up there
la laine, wool
laisser, to let, leave, let have
le laissez-passer, pass
la laitue, lettuce
Lamennais (Félicité de), 1782–1854, French writer born in Saint-Malo
la lampe, lamp
la langue, language
le lapin, rabbit
large, wide; au —, in the distance
la largeur, width
la larme, tear
laver, to wash
le, la, (l'), les, *def. art.*, the
le, la, (l'), les, *pers. pron.*, *direct object*, it, him, her, them; — voici, here he (it, she) is, they are; so
la lecture, reading

le légume, vegetable
le lendemain, the next day, the morrow
lequel (lesquels, laquelle, lesquelles), *int. pron.*, which (one)s
lequel, etc., *relat. pron.*, which, what, etc.
la lettre, letter
leur, *poss. adj.*, their
la levée, collection; faire la —, to collect (*of letters*)
lever, to raise; se —, to rise; — le camp, to move (the camp)
la liberté, liberty
le lieu, place, spot; au — de, instead of
la lieue, league (=4 kilometers)
le lieutenant, lieutenant
la ligne, line
le linge, linen
lire, to read
la liste, list
le lit, bed; — de camp, couch *or* bunk
littéraire, literary
le livre, book
la livre, pound
la locomotive, locomotive
loin, far away; plus —, farther; au —, in the distance
long, –ue, long; tout le long de, all along; tout de son long, at full length
la longueur, length
lorsque, when

le **louis**, gold coin

lu, *past part. of* **lire**

lui, *ind. obj. pron.*, (to) him, (to) her; he (*emphatic*)

luire, to shine

la **lune**, moon

la **lutte**, fight

luxueux, –se, luxurious

M

ma, *poss. adj.*, my

macabre, deathlike

la **mâchoire**, jaw

madame, Madam, Mrs.

mademoiselle, Miss

maigre, thin

la **main**, hand

maintenant, now

le **maire**, mayor

mais, but

la **maison**, house; — particulière, private house

la **majuscule**, capital (letter)

malade, ill

malheureux, –se, unhappy

malicieusement, maliciously

Malouin, –e, an inhabitant of Saint-Malo

maman, mama

la **manche**, sleeve

manger, to eat

la **manière**, manner

manquer, to lack, be wanting

la **marchandise**, merchandise, goods

la **marche**, step

le **marché**, market

marcher, to walk, fight (*in this text*)

le **mari**, husband

la **marmite**, shell (*slang*)

le **marmot**, kid, brat

la **Marne**, a famous river in France

le **martyr**, martyr

mathématique, mathematical

le **matin**, morning

mâtin! indeed!

matinal, –e, morning (*adj.*)

la **matinée**, morning; **dans la** —, in the morning

maudit, –e, cursed

me, *conj. pron.*, me

le **médecin**, physician

meilleur, –e, better; **des** —s, of the best

le **membre**, limb

même, same, even, self; **de** —, the likewise; **tout de** —, all the same; **quard** —, all the same

ménager, to save

la **ménagerie**, menagerie

mental, –e, mental

menteur, –euse, lying (*adj.*)

le **menton**, chin

la **mer**, sea

merci, thank you; — **infiniment**, thank you ever so much

la **mère**, mother

la **merveille**, wonder

la **mesure**, measure

le **métier**, trade, business

le **mètre**, meter
mettre, to put, place, put on
le **meuble**, piece of furniture
meurent, *a form of* **mourir**,
to die
mi-, *prefix*, half; **à — -
chemin**, half way
le **midi**, noon
la **mie**, heart (inside) of a
loaf of bread
la **mienne**, mine
mieux, *adv.*, better; **le —**,
the best
militaire, military
la **mine**, look; **avoir bonne
—**, to look well
le **minuit**, midnight
la **minute**, minute; **à dix —s
de là**, ten minutes' walk
from there
la **misère**, misery
la **mitraille**, machine-gun bullets
la **mitrailleuse**, machine-gun
mobiliser, to mobilize
la **mode**, fashion; **à la —**,
fashionable
le **modeleur**, molder
moi, me, (to) me; *emphatic* I
moins, less; **au —**, at least;
du —, at least
le **mois**, month
moisir, to become musty
la **moitié**, half; **à —** (*adv.*),
half
le **moment**, moment
mon, *poss. adj.*, my
le **monceau**, heap
le **monde**, people; world;
tout le —, every one

la **monnaie**, change
monsieur, Sir, Mr.
le **monstre**, monster
monter, to rise, climb;
grow dear
montrer, to show, point
out
le **monument**, monument
le **morceau**, piece
la **mort**, death
mort, **–e**, *past part. of* **mourir**
le **mot**, word; **se donner le
—**, to pledge each other;
— d'ordre, slogan
mou, **molle**, soft
le **mouchoir**, handkerchief
mourir, to die
la **moustache**, mustache
le **moutard**, (*familiar*) child
moyen, **–ne**, average, me-
dium
municipal, **–e**, municipal
le **mur**, wall
la **muraille**, large wall
murmurer, to murmur
la **musique**, band (*any in-
strument*)
mutilé, **–e**, mutilated

N

naïf, **–ve**, naïve
la **nappe**, table-cloth
le **navire**, ship
ne (*verb*) **pas**, not
né, **–e**, born (*past part. of*
naître)
nécessaire, necessary
la **neige**, snow

n'est-ce pas? won't we? didn't you, etc. (*for any tense and person as used in the main clause*)

net, –te, *adj.*, neat; au —, *see* remettre

neuf, –ve, new

le neveu, nephew

le nez, nose

ni . . . ni, neither . . . nor

nier, to deny

noble, noble

le Noël, Christmas; la — (*when* fête *is understood*); Bon *or* Joyeux —! Merry Christmas!; le Père —, Father Christmas

noir, –e, black

le nom, name; noun

nommé, –e, called; le —, the said

nommer, to name, be called; appoint

non, not, no

nos, *poss. adj.*, *pl. of* notre

notre, *poss. adj.*, our

le nôtre (la —, les nôtres), *poss. pron.*, ours

la nourrice, nurse

nourrir, to feed

la nourriture, food; meals

nous, we, us, to us; — aussi, so do (did, etc.) we; — voici, here we are

nouveau (nouvel, nouvelle), *adj.*, new

la nouvelle, a piece of news

le noyer, walnut-tree

nu, –e, bare

la nuit, night; faire — noire, to be very dark

le numéro (*for things numbered*), number

O

obéir (à), to obey

une observation, observation

obtenir, to obtain

un obus, shell

occupé, –e, busy

un œuf, egg

une œuvre, work

officiel, –le, official

une ombre, shade

on, *ind. pron.*, one, they, people, we. *Often with an active verb is equivalent to an English passive*

un oncle, uncle

ordonner, to order, instruct

un ordre, order

une oreille, ear

un oreiller, pillow

un orphelin, une —e, orphan

une orthographe, spelling

une ortie, nettle

ôter, to take off, remove

où, where

ou, or

oublier, to forget

oui, yes

un outil, tool

un ouvrier, une –ère, day laborer

ouvrir, to open

ovale, oval

P

pacifique, peaceful

la paie, pay

la paille, straw

le pain, bread

la paire, pair

la paix, peace

pâle, pale

le panier, basket

le pansement, dressing

le pantin, puppet

le papier, paper; — d'emballage, wrapping paper; — à lettre, writing paper

par, by, along, through, etc.

paraître, to appear, seem

Paramé, village on the sea-shore adjoining Saint-Malo

parce que, because

parcourir, to go through

pareil, –le, same

le parent, parent or relative

la parenthèse, parenthesis

parler, to speak

la parole, word

part: de la — de . . ., from . . .

partager, to divide

particulier, –ère, special

la partie, part; en —, partly

partir, to go away, leave; explode

le pas, step; le — des portes, the threshold; faire les cent —, to walk up and down; faire quatre — en avant, to take four steps forward; faire quelques — de long en large, to walk up and down

pas un(e), not a single

le passage, way, passage, road

passé, –e, past

passer, to pass, go, hand; — la revue, to review; — la mer, to cross the sea

la passerelle, gang-plank

la patience, patience

la patrie, fatherland

pauvre, poor

le pavé, block of stone

pavoiser, to beflag

payer, to pay

le pays, country

le paysagiste, landscape painter

le paysan, peasant, la —ne, peasant woman

la peau, skin

la pêche, fishing

pendant, during, while; — que, while

pendre, to hang

la pensée, thought, mind

penser, to think; — à, to think of; — de, to have an opinion of

perdre, to lose; se —, disappear

le père, father

la permission, leave; pass

le permissionnaire, man on leave

perplexe, perplexed

persister, to persist

la **personne**, person; **plus** —,
no longer any one; **ne**
(*verb*) —, nobody

la **personnalité**, personality

la **perte**, loss; **à** — **de vue**, as
far as one can see

le **pétard**, fire-cracker

petit, **–e** (*adj.*), little; (*as
noun*) little one, sonny

peu (*adv.*), little; **un** — **de**,
a little; — **de**, few

le **peuplier**, poplar

peut-être, perhaps

le **phare**, light-house

la **pharmacie**, pharmacy

la **photo** *for* **photographie**,
photography

la **phrase**, sentence

la **pièce**, coin

le **pied**, foot

la **pierre**, stone

pincer, to pinch

la **pipe**, pipe

piqué, **–e**, picked, struck

la **pitié**, pity

pittoresque, picturesque

la **place**, square

la **plaine**, plain

la **plaisanterie**, joking

plaire, to please

le **plaisir**, pleasure; **faire le**
— **de**, to give the pleas-
ure of

le **plan**, plan

la **planche**, board, plank

la **plante**, plant

planter, to plant; **se** —, to
stand

la **plaque**, tablet

plein, **–e**, full; open (*sea,
country*)

pleurer, to weep

le **pliant**, folding-chair

plier, to fold, bend

le **plomb**, lead

la **pluie**, rain, shower

la **plume**, pen; — **-réservoir**,
fountain-pen

plus, more; **ne** (*verb*) —,
no more, no longer; **de**
—, moreover; — **per-
sonne**, no longer any
one; — **loin**, farther;
tout au —, at the
most

la **poche**, pocket

le **poète**, poet

poétiser, to idealize, turn
to poetry

le **poids**, weight

la **poignée**, handle; handful;
— **de main**, handshake

le **poilu**, "poilu," French private soldier

Poincaré (**Raymond**), Pres-
ident of the French Re-
public until January,
1920

la **pointe**, point

le **pois**, pea; **petits** —, French
peas

la **poitrine**, chest

la **police**, police

la **pomme de terre**, potato

le **pont**, bridge; **le Pont de la
Concorde**, a bridge over
the Seine in Paris

le **port**, port

la **porte**, door

le **portefeuille**, bill-folder, pocket-book
porter, to carry, wear
le **porteur**, bearer
la **portière**, door (*of a coach*)
le **portrait**, portrait
poser, to place; **se —**, to strike a pose
la **position**, position
postal, –e, postal, mail
le **poste**, station; **— de ravitaillement**, mess-tent
le **pot**, pot
le **potage**, soup
le **poteau**, post
le **pouce**, thumb (*see lesson* 21)
pour, for, to, in order to, as for; **— que**, in order that
pourquoi, why
la **poursuite**, pursuit
la **poussée**, drive, push
pouvoir, to be able, can, may
la **prairie**, meadow
pratique, practical
premier, –ère, first; **marcher le —**, to go ahead
prendre, to take
le **prénom**, first name, Christian name
préparer, to prepare
près, near; **à peu —**, nearly, almost; **de —**, closely
présent, –e, present; **—!** here! (*roll-call*)
pressé, –e: **être —**, to be in a hurry

prêt, –e, ready
la **preuve**, proof
prier, to pray, ask
primaire, primary
le **prince**, prince
princier, –ère, splendid, princely
le **prisonnier**, prisoner
prochain, –e, next, following
proche (*adj.*), near
proclamer, to proclaim
procurer, to secure
le **professeur**, teacher, professor
la **promenade**, walk
promis, –e, promised
prompt, –e, prompt
pronominal, –e, pronominal
propice, favorable, propitious
propre, clean
protéger, to protect
la **proue**, prow
la **providence**, Providence
la **provision**, food, provisions
pu, *past part. of* **pouvoir**
public, **publique**, public
puis, then, next, afterwards
punir, to punish

Q

le **quai**, quay
la **qualité**, quality; **en — de**, as a
quand, when
quant à, as for, as to

le **quart,** quarter; **un —
d'heure,** a quarter of an
hour

le **quartier,** camp, quarter

quatre, four

quatrième, fourth

que or **qu'est-ce que,** *int.
pron.,* what (*as object
of a verb*)

que, *relat. pron.,* that,
which; **à ce —,** according to (what); **ce —,**
what, that which (*ob-
ject*)

que, *conj.,* that, than, as;
ne (*verb*) **—,** only, but

quel, –le, etc., *int. adj.,*
what

quel, –le, etc., *excl.,* what
(a)!

quelques, a few, some

quelque chose, *ind. pron.
masc.,* something, any-
thing

quelque part, somewhere

quelqu'un, *ind. pron.,*
some one, any one

qu'est-ce qui, what (*as
subject*)

questionner, to question

la **queue,** tail (*see* **faire**)

qui, *relat. pron.,* who, that,
which; **ce —,** that which,
what (*as subject*)

qui or **qui est-ce qui,** who
(*subject*); **qui est là?**
who goes there?

une **quinzaine (de),** about fifteen

quinze, fifteen

quitte: en être — pour, to
have only to

quitter, to leave

quoi, *relat. pron.,* what; **il
n'y a pas de —,** you're
welcome

quoi, *int. pron.,* what; **à —
bon?** what is the use of?;
— encore? what else?;
— de neuf or **de nouveau?** what's the news?

quoique, *conj.,* although

R

rabattre, to roll down

raboteux, –se, rough

la **rade,** bay, harbor

le **rafraîchissement,** refresh-
ment

raide, stiff

raisonnable, reasonable

raisonner, to reason, question

ramasser, to collect, pick
up

le **rang,** rank

ranger, to put in order; **—
la cendre,** to poke the
fire

rapatrier, to repatriate

rapid, –e, rapid

rappeler (se), to remem-
ber, recall

le **rapport,** report

rapporter, to recount, tell;
bring back

rapprocher (se) de, to
draw near to

rare, scarce

le **rassemblement**, gathering
rassembler (se), to assemble
le **rata** (*slang*), "slum," stew
le **ravitaillement**, supply
ravitailler, to provision
le **ravitailleur**, one who provisions
le **rayon**, beam
réapprendre, to teach again
la **recette**, receipt
recevoir, to receive
réchauffer, to warm
la **récolte**, crop
reconnaître, to recognize
reconquis, –e, reconquered
rectifier, to correct
reculer, to retreat, recoil
redevenir, to become again
redondant, –e, redundant
refaire, to do *or* make again; se —, to refresh oneself
la **réflexion**, reflection
le **réfugié**, la —e, refugee
réfugier (se), to seek refuge
regarder, to look (at)
le **régiment**, regiment
la **règle**, rule
réglementaire, according to regulation
régner, to reign
régulier, –ère, regular, usual
régulièrement, regularly
rejeter, to throw back
rejoindre, to go again to
réjouir (se), to rejoice

la **relève**, relief
relever, to relieve; se —, to rise again
relire, to read again *or* over
remarquer, to notice
le **remède**, remedy
remercier, to thank
remettre, to give, hand; put back; — au net, to make a fair copy of
la **réminiscence**, reminiscence, memories
le **rempart**, rampart
remplacer, to replace
remplir, to fill (up)
le **remue-ménage**, bustle
remuer, to poke
la **rencontre**, meeting; aller à la — de, to go to meet
le **rendez-vous**, appointment; donner —, to make an appointment
renseigner, to inform
rentrer, to return; bring in
repartir, to leave (again); continue the trip
répondre (à), to answer, reply
la **réponse**, answer
reposant, –e, restful
reposer, to rest; se —, to rest
réputé, –e, considered, reputed
résigné, –e, resigned
le **respect**, respect
respectueux, –se, respectful

la **responsabilité**, responsibility

reprendre, to resume; take back; reconquer

ressuscité, –e, resurrected; cured

rester, to remain

les **restes** (*m.*), remnants

retenir, to keep (in), restrain

retomber, to fall back (again)

le **retour**, return; **de —**, back again

retourner, to return; turn over

retroussé, –e, turned up

retrousser, to roll up

réveiller, to awake; **se —**, to wake up

réveillé, –e, awakened

revenir, to come back, return; be due; go to

rêver, to dream

le **Rhin**, Rhine

rien, nothing; **ne** (*verb*) **—**, nothing

rigueur: de —, obligatory

rire, to laugh; **riant de toutes leurs dents**, laughing heartily

la **rivière**, river

la **robe**, dress; **— de soirée**, evening gown

le **rocher**, rock

le **roi**, king

le **rôle**, part, rôle

la **romaine**, a kind of lettuce

rompre, to break

la **rose**, rose

Rostand (Edmond), French poet and dramatist who died in 1918

rouge, red

rouler, to roll

la **rouspétance** (*slang*), protestation

la **route**, road; **en —!** let us start!

rouvrir, to open again

le **ruban**, ribbon

rude, rough

la **rue**, street

la **ruine**, ruin

S

sa, *poss. adj.*, his, her, its

le **sac**, bag, sack

sachant, *pres. part. of* **savoir**

sache, *subjunct. of* **savoir**

la **sacoche**, pouch, bag

sage, wise, good

saint, –e, holy

saisir, to seize

la **salle**, room; **— à manger**, dining-room

le **salon**, drawing-room, parlor

le **salut**, salute; **armée du —**, Salvation Army

la **salutiste**, Salvation Army girl

la **salve**, salvo

le **sanatorium**, sanatarium

le **sang**, blood

sans, without

la **santé**, health

le **sapin**, fir-tree

satisfait, –e, satisfied

le **saumon,** salmon

sauter, to jump; **faire —,** to blow up

savoir, to know; know how to, can

se, *reflex. pron.,* himself, herself, itself, themselves, one another, each other, to himself, etc.

sec, sèche, dry; sharp (*voice*)

sécher, to become dry

sectionné, –e, divided into sections

selon, according to

semblant, *see* **faire**

sembler, to seem

semi, semi

le **sens,** meaning, understanding (*see* **avoir**)

la **sensation,** impression

le **sentier,** path

la **sentinelle,** sentry

sentir, to smell; smack of; **se —,** to feel

sept, seven

serrer (se), to close

le **service,** service; **qu'est-ce qu'il y a pour votre —?** what can I do for you?

servir, to serve; **— de,** to be used as

le **seuil,** threshold

seul, –e, alone; **tout(e) —,** all alone

sévère, severe

si, if; whether

le **signal,** signal

le **signalement,** description

le **signe,** mark, signal

signer, to sign

signifier, to mean

le **silence,** silence

silencieux, –se, silent

la **sincérité,** sincerity

la **sirène,** steamer's whistle, siren

six, six

soi, *ind. pron.,* oneself

soigné, –e, carefully made

soigner, to care for

le **soin,** care

le **soir,** evening, night; **promenade du —,** evening walk; **hier au —,** last night

la **soirée,** evening (*used with* **dans, pendant,** etc., *which imply:* in the course of the evening)

sois, *imperat. of* **être**

le **soldat,** soldier

le **soleil,** sun

solennel, –le, solemn

solide, solid

solitaire, lonely

sombre, gloomy, dark

sombrer, to founder

le **sommeil,** sleep (*see* **avoir**)

son, *poss. adj.,* his, her, its

le **son,** sound, ringing

le **songe,** dream

sonner, to ring; **minuit sonne,** the clock is striking midnight; **sonnez clairons!** sound bugles!

la **sonnerie de clairon,** bugle calling

le **sort,** fate

la **sortie**, exit; going out

sortir, to go out; **au — de,** on leaving

le **sou**, one cent

soudain, suddenly

souffrir, to suffer

le **souhait**, wish

soulever, to raise; **se —,** to rise

le **soulier**, shoe

souligner, to underline

le **soupçon**, suspicion

la **soupe**, soup

le **sourire**, smile

sourire, to smile

sous, under

le **sous-marin**, submarine

le **souvenir**, souvenir, memories, memory .

souvent, often

la **spontanéité**, spontaneity

la **station**, small station, stopping place

stopper, to stop

subordonné, –e, subordinate

suffire, to suffice, be enough

suivant, –e, following

suivre, to follow

le **sujet**, subject

supprimer, to omit, leave out

sur, on, upon, concerning

sûr, –e, *adj.*, sure, certain; **pour —,** certainly

surnommer, to surname

la **surprise**, surprise

surtout, especially, above all

survint *from* **survenir**, to come, arrive unexpectedly

sus-dit: le —, the above mentioned

T

le **tabac**, tobacco

la **table**, table

le **tableau**, blackboard, picture

le **tablier**, apron

la **tache**, spot

la **taille**, height

tailler, to cut, slice

le **talon**, heel (*see* **assis**)

le **tambour**, drum; **— -major,** drum-major

le **tambourineur**, drummer

tant (de), so much, so many

tantôt, presently

tard, late

la **tarte**, pie; **— aux pommes,** apple pie

le **tas**, pile

la **tasse**, cup

la **taupe**, mole

te, you (thee)

le **teint**, complexion

tel, telle, such (as)

télégraphique, telegraph (*adj.*)

le **témoignage**, testimony

la **température**, temperature

la **tempête**, tempest, storm

le **temps**, time; **faire passer le —,** to help spend the time

tendre, to extend; stretch
tendre, soft, tender, gentle
la **tendresse,** tenderness
tenez! here! take!
tenir, to hold; **se —,** to stand; **— à,** to care for, insist on; **ne plus se — de joie,** to contain oneself no longer for joy
la **tente,** tent
la **terrace,** terrace; **— des cafés** (*French restaurants have tables in front on the sidewalk*)
la **terre,** land; **par** (*or* **à**) **—,** on the ground
Terre-Neuve, Newfoundland
le **territorial** (les **territoriaux**), home guard soldier
la **tête,** head
le **thé,** tea
tiède, warm, lukewarm
tiens! look here!
timbré, –e, stamped
tirer (**de**), to take (out)
le **tiret,** dash
le **tiroir,** drawer
le **titre,** title
toi, thee (you), thou
le **toit,** roof
tomber, to fall
ton, thy (your)
tonner, to thunder
tortiller, to twist
tortueux, –se, winding
toujours, always, still
tourner, to turn
tous, toutes, *ind. pron.,* all

(of you, of them, etc.); **— les deux,** both
tousser, to cough; **— fort,** to cough loudly
tout, *ind. pron.,* everything
tout, tous, toute, –s, *ind. adj.;* all, every
tout, *adv.,* very; **— bas,** in a low voice; **— de suite,** at once, immediately
tracer, to draw
le **train,** train (*see* **être**)
la **traînée,** trail
le **trait-d'union,** hyphen
la **tranchée,** trench
le **tramway,** street-car
transformer, to change
travailler, to work
travers: en —, across
la **traversée,** crossing
trembler, to tremble
trempé, –e, soaked
trente, thirty
très, very
le **tricot,** sweater
tricoter, to knit
triomphalement, triumphantly
le **triomphateur,** victor
triple, triple
triste, sad
la **tristesse,** sadness
trois, three
le **tronc,** trunk
trop, too much, too many
le **trottoir,** sidewalk
le **trou,** hole
la **trouée,** (big) hole
troué, –e, torn, with holes

trouver, to find; se —, to be

tu, thou (you)

tuberculeux, –se, tuberculous

tuer, to kill

le tunnel, tunnel

le Tyrol, a province of Austria

U

un, une, a, an, one; l'—, one (of them)

un uniforme, uniform

unir, to unite

une unité, unit, unity

une université, university

un ustensile, utensil

utile, useful

V

va, *imperat. of* aller

la vague, wave

.vaillant, –e, valiant, brave

le vainqueur, conqueror

le vallon, valley

vanter, to praise

le vase, vessel, pitcher

vaste, vast

la veille, day before

veiller, to watch; stay up at night

vendre, to sell

venir, to come; — de . . ., to have just . . .

le vent, wind; — du large, the wind from the open sea

vérifier, to verify

le verre, glass

vers, towards

vert, –e, green

vertical, –e, vertical

le vêtement, article of clothing

le vétéran, veteran

vêtir, to clothe

vêtu, –e (de), clothed (with)

veuillez, be kind enough

la veuve, a widow

la victime, victim

la victoire, victory

vide, empty

la vie, life

le vieillard, old man

vieux, vieille, *adj.*, old; des —s, some old people; le (la) —, the old man, (woman)

vif, vive, bright

le village, village

la ville, city, town

le vin, wine

vingt, twenty

la visite, visit

le visiteur, la –euse, visitor

vite, quickly

la vitre, pane, shop window

vivant, –e, living

vive! vivent! long live! hurrah for!; qui —? who goes there?

vivre, to live

les vivres (*m.*), provisions, food

le vœu, wish, desire

voguer, to advance (*of a ship*)

voici, here is (are); now

la **voie,** track

voilà, there is (are); now

voir, to see; **n'avoir rien à — avec,** to have nothing to do with; **— de près,** to see at close range

voisin, –e, neighboring

la **voiture,** carriage; **— d'ambulance,** ambulance wagon

la **voix,** voice

voler, to fly

le **voleur,** la **–euse,** thief

volontaire, strong-willed; obstinate

la **volonté,** will

vos, *pl. of* **votre,** your

votre, *poss. adj.,* your

le **vôtre,** etc., *poss. pron.,* yours

vouloir, to wish, will, desire, want; **— dire,** to mean; **— bien,** to like, be willing

vous, you, to you

le **voyage,** trip, journey

voyager, to travel; move around

voyons! look here!

vrai, –e, true, real

vu, seen

la **vue,** sight; **à —,** at sight

W

le **wagon,** coach, car; **— de marchandises,** freight-car

Y

y, *adv. and pron.,* there; to (at, in, on, etc.) it

les **yeux,** *sing.* l'**œil** (*m.*), eyes

Z

zigzaguer, to wind, zigzag

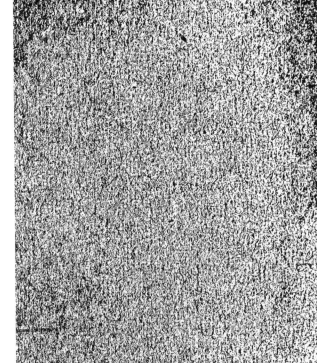